SORTIR DU PLACARD
LGBT EN POLITIQUE

Sonia Tir

Sortir du placard

LGBT en politique

Fayard

Couverture : Le Petit Atelier
Dessin : © Sarah Voillaume

ISBN : 978-2-213-72613-7
Dépôt légal : janvier 2024

« Le faux courage attend les grandes occasions… Le courage véritable consiste chaque jour à vaincre les petits ennemis. »

Paul Nizan

À la France, sa liberté, son égalité et sa fraternité pour chacun et pour chacune qu'importe son genre et son orientation sexuelle.

Introduction

« Quand on ne vit pas les choses, qu'est-ce qu'elles peuvent bien nous apporter ? »

Adrien Naselli[1]

Novembre 2021, à quelques pas de la Seine et du très chic VIIe arrondissement. Dans le cadre de mes fonctions à la Ville de Paris, j'accompagne une délégation de politiques et associatifs qui inaugurent une colocation pour réfugiés. Pas n'importe lesquels : les personnes accueillies ici se définissent comme LGBT et ont dû fuir leur pays d'origine en raison de leur orientation sexuelle ou de leur identité de genre, parfois les deux. Ces femmes ou ces hommes trans, des gays, des lesbiennes… ont tout quitté, laissé derrière eux leurs parents, leurs

1. Extrait de « Mickaël », dans *Pédés*, Paris, Points, 2023.

frères et sœurs, leurs amis, leur langue, leur travail pour simplement survivre. De jeunes Marocains, des Guinéens, des Sri-Lankais et quelques Russes trouvent enfin un doux foyer. Sous la haute protection de travailleurs sociaux et dans le plus grand secret, afin d'éviter que des proches ou des autorités étrangères malintentionnés retrouvent leur trace, ils apprennent à vivre ensemble, à mélanger leurs cultures dans le creuset français.

Ian Brossat, Jean-Luc Romero-Michel et David Belliard, trois figures de gauche de la politique parisienne, élus à la Ville et ouvertement gays[1], sont là. L'émotion dans leurs regards n'est pas feinte : avec les associations présentes, ils ont largement contribué à ce que cet immense appartement devienne un refuge pour persécutés. L'ancienne locataire de ce duplex de 173 mètres carrés appartenant à un des bailleurs sociaux de la capitale n'est autre que la

1. On dit d'une personne qu'elle est « ouvertement gay » lorsqu'elle a déclaré son orientation sexuelle. Cette expression est traduite de la formule anglaise *openly gay* et est souvent consécutive à un *coming out* (sortir du placard en français). Faire son *coming out* est une annonce publique volontaire, imaginée dans les premiers temps comme une action politique pour visibiliser une présence, elle est aujourd'hui souvent considérée comme le point d'orgue d'une acceptation de soi dans la vie d'une personne LGBT.

cheffe de file de La Manif pour tous, mouvement apparu en opposition au projet de mariage entre personnes du même sexe voté en France en 2013 : Frigide Barjot, Virginie Tellenne de son vrai nom.

Fin 2013, quelques mois après le vote de la loi aussi appelée « loi Taubira », la Régie immobilière de la Ville de Paris avait demandé la résiliation du contrat de location en raison de la domiciliation d'une activité commerciale. Plus surprenant encore, le patrimoine de Frigide Barjot, de plusieurs millions d'euros, ne lui permettait pas de bénéficier d'un duplex avec un loyer modéré[1]. Quel pied de nez de voir ces jeunes réfugiés s'installer dans l'appartement fastueux du cerveau de l'une des plus fortes mobilisations sociétales de notre pays de ces dernières décennies ! Frigide Barjot sait-elle qu'à l'endroit où elle fomentait ses plans de communication contre l'union de personnes de même sexe une jeune Tunisienne pense à ses amoureuses ?

Selon Jean-Luc Romero-Michel, 64 ans, combattant de la première heure des droits LGBT, c'est un retour de bâton mérité pour celle qui l'avait marié

1. Le prix du mètre carré moyen dans ce quartier est de 9 403 euros au 1er janvier 2023, soit un loyer mensuel de 5 127 euros.

« symboliquement » à Christophe Michel (décédé en 2018) lors d'une fête alors tolérante, bien avant de devenir la représentante des « anti-mariage gay ». Car oui, à une certaine époque, Frigide Barjot arpentait les boîtes de nuit LGBT de la capitale. Marc Lambron, ami d'enfance et ex-beau-frère de la militante, a raconté au magazine *Le Point* en 2013 « sa » Frigide : « En forçant le trait, j'aurais volontiers posé ainsi l'axiome intime de Virginie : aucun homosexuel n'avait le droit de se marier, sauf avec elle. Homophobe, Frigide ? C'est un peu plus compliqué. Un esprit rustique, quelques années auparavant, aurait pu la définir comme une "fille à pédés". Désormais porte-parole de l'anti-mariage gay, elle était la fiancée secrète de l'inversion regimbeuse, l'amoureuse *underground* que tout homosexuel aurait dû conduire à l'autel[1]. » Jean-Luc Romero-Michel en est encore ému le jour de l'inauguration de ce lieu récupéré : « Elle y avait même mis les bureaux de La Manif pour tous, vous vous rendez compte ? Quel toupet ! La Mairie de Paris l'a expulsée. Elle a eu beau jouer la martyre, elle n'avait rien à y faire. Des trans, des gays et des lesbiennes qui ont tous leurs chambres,

1. Marc Lambron, « Il était une fois Frigide Barjot (IV) », *Le Point*, 2 mai 2013.

symboliquement, pour nous et pour eux, ça a de la gueule[1]. »

*

Déjà une décennie a passé depuis le mariage pour tous, consacrant un moment de fracture idéologique comme notre pays en a rarement connu. Des millions de personnes dans les rues à travers toute la France, sur les plateaux télé afin de dire non au mariage et à l'adoption pour les couples du même sexe. Non à l'amour, oui à défendre « un papa, une maman[2] » pour seul modèle viable.

En 2013, j'avais 20 ans, je caressais le temps, comme le chantait Charles Aznavour ; j'étais sidérée de voir tous ces jeunes de mon âge repoussant l'amour, la modernité, avec leurs pulls à capuche siglés « La Manif pour tous ». J'en voulais terriblement aux parents et aux agitateurs religieux qui pointent du doigt une partie de la population pour son orientation sexuelle. Depuis, j'ai évolué dans les milieux politiques et, au gré des rencontres avec des personnes LGBT, j'ai été marquée par leur engagement,

1. La liste des interlocuteurs se trouve en fin d'ouvrage, p. 295.
2. Slogan de La Manif pour tous.

par la manière dont certains élus organisent une riposte face à l'homophobie, pour simplement faire accepter la liberté de vivre son amour. J'ai été soufflée par le courage du peu de personnalités ouvertement gays à l'époque, celui d'aller en plateau ou dans l'hémicycle et d'y affronter la haine. J'ai aussi été surprise de la volonté de certains de ne pas s'afficher, de ne pas faire de leur orientation sexuelle un combat politique, de ne pas être un porte-voix, de rester silencieux. Et même, à certains moments, de s'opposer à de nouveau droits qui ne retirent rien à personne.

En tant que personne hétérosexuelle, venant d'un milieu populaire et religieux où l'homophobie existe (au même titre que le racisme ou le sexisme) et où il était quasiment impossible de parler de sa sexualité – et encore plus de son homosexualité, si c'était le cas –, j'ai toujours soutenu mes amis ou camarades qui vivaient des moments difficiles, comme pour rejeter cette part de mon éducation et me construire à l'inverse de ce que je pouvais entendre. J'ai le souvenir d'un ancien camarade du collège et du quartier qui, se questionnant sur sa sexualité, s'est vu battre de façon régulière par ses frères. Il a ensuite été placé dans un foyer loin de nous, ses amis. Des mois après son calvaire, il était revenu nous voir mais sans mentionner ses interrogations intimes, pour sa sécurité. Je suis tombée sur son profil via les réseaux sociaux il y a quelques mois, il est ouvertement gay et vit, à des centaines de kilomètres de ses proches, sa vie d'artiste. Je suis triste qu'il lui ait fallu s'éloigner de son milieu d'origine, mais je me réjouis qu'il puisse vivre en accord avec lui-même. L'homophobie est violente dès le plus jeune âge.

À présent aux premières loges de la vie politique française, j'ai voulu entendre les personnes concernées sur cette question centrale de notre débat national et du grand public. Dans ce livre, j'ai souhaité brosser un vaste portrait des situations personnelles et matérielles de nos politiques. Ils viennent pour certains de milieux très privilégiés, sous les ors de la République; cela s'explique par le fait que l'affirmation de son orientation sexuelle peut être plus simple dès lors que l'environnement est plus stable. Ceux qui ont accepté de me rencontrer et de me narrer leur trajectoire sont ceux qui ne craignent pas d'évoquer ces thématiques. Pour ceux qui vivent cachés ou qui n'ont pas la force ni la possibilité de partir si cela se passe mal, c'est un combat au quotidien. Je crois que la banalisation des politiques LGBT pourra les aider.

Plus il y aura d'élus gays, lesbiennes, bisexuels, trans affichés, capables de montrer qu'il est possible d'exister et de représenter tous les citoyens dans les plus hautes fonctions, moins l'orientation sexuelle et l'identité de genre seront un problème ; et moins il y aura de coupables d'homophobie par suivisme, reproductivisme ou ignorance.

Alors, quels sont les modèles politiques pour un jeune LGBT aujourd'hui ? Sur qui une jeune adolescente peut-elle se projeter, lorsqu'on lui demande à qui elle veut ressembler quand elle sera grande ? Qui est susceptible de rassurer un jeune en quête de son identité sexuelle ? Est-ce que les « anciens » comme Bertrand Delanoë ou Jean-Luc Romero-Michel font de la politique à la façon des « nouveaux » comme Alice Coffin ou Clément Beaune ? Ceux qui se lancent prennent-ils encore des pincettes quand il s'agit d'aborder leur vie personnelle ? La lutte contre l'homophobie en politique a-t-elle une couleur partisane ? Faut-il être de gauche pour être élu, militant et gay ? Peut-on être d'extrême droite et défendre les LGBT ? Qu'est-ce que le fait d'être élu gay apporte à la société et au débat politique ? Peut-on imaginer aujourd'hui faire carrière au plus haut sommet de l'État tout en vivant ouvertement son orientation sexuelle ?

Je me suis demandé si l'avancée démocratique du mariage pour tous avait eu un impact dans leur vie politique. J'ai rencontré des ministres en exercice et des élus de tout bord qui ne seraient jamais entrés en politique s'ils n'avaient pas été gays, pour qui « l'un ne peut pas aller sans l'autre » comme le dit Alice Coffin. J'ai aussi rencontré des femmes et des hommes hétérosexuels qui étaient acteurs de la lutte pour les droits LGBT pendant ces dix dernières années, comme le président François Hollande ou la députée Clémentine Autain, afin de comprendre l'ampleur de ces évolutions. Partagent-ils tous l'avis de l'ancienne ministre de droite Roselyne Bachelot, pour qui il était « beaucoup plus violent et *trash* de faire de la politique en étant gay avant la loi Taubira » ?

Selon le sondage IFOP exclusif à retrouver en fin d'ouvrage, en 2023, pour 80 % des Français, élire un président gay n'est plus un tabou, alors qu'ils étaient 61 % en 1981 à trouver choquante l'homosexualité d'un élu. En quarante ans, l'opinion s'est retournée, mais les 20 % d'anti se sont-ils radicalisés ? Comment expliquer que le président Emmanuel Macron, avec 31 % d'opinions positives sur sa politique LGBT, apparaît comme la personnalité politique la plus *gay friendly* ?

Durant plusieurs mois, les cafés, les « visios », les appels se sont enchaînés ; malgré les hésitations, j'ai recueilli beaucoup d'entretiens sans fard, à cœur ouvert, portant sur des sujets intimes et pourtant si nécessaires compte tenu de leur importance dans la vie publique... Chacune des personnes rencontrées m'a confié sa manière d'envisager son identité. Certaines, avec beaucoup d'émotion, ont pris le temps de me raconter les insultes, les procès face aux homophobes, le rapport avec leur famille, le terrain politique, l'ambiance parfois mortifère des campagnes électorales. D'autres ont voulu relire leurs propos, contrôler la communication à ce sujet, de peur d'avoir trop parlé, de s'être trop livrées. D'autres encore souhaitent me retrouver pour parler de ma démarche sans être partantes pour en parler publiquement. Le moment pour ces personnes n'était pas venu, mais elles voulaient tout de même en être. Enfin, quelques-unes m'ont dit qu'elles ne seraient jamais prêtes et mènent une double vie à l'encontre de leurs émotions. À chaque entretien, le temps était suspendu et nous parlions uniquement d'elles. Si la politique a encore le pouvoir de changer la vie, alors la question de l'orientation sexuelle doit être pleinement prise en compte par nos représentants. Les sujets LGBT doivent être mieux connus. C'est le pari de ce livre.

I.
L'ouverture progressive du monde politique

Chapitre 1

La conquête du mariage pour tous

Le temps des célébrations

172 heures de débats, 4 999 amendements déposés à l'Assemblée nationale, 279 au Sénat, et un vote sans appel : la loi ouvrant le mariage et l'adoption à tous est adoptée le 23 avril 2013 avec 331 votes pour. Parmi les 225 votes contre, on retrouve l'intégralité de la droite (dont des élus médiatiques comme Jean-François Copé, Thierry Solère ou Hervé Mariton), à l'exception de Benoist Apparu et Franck Riester (député ouvertement gay). Parmi les abstentionnistes, on trouve Bruno Le Maire et Édouard Philippe, tous deux passés chez Emmanuel Macron depuis. « En politique, le choix est rarement entre le bien et le mal, mais entre le pire et le moindre mal », a écrit

Machiavel[1] : pour ne pas avoir à se traîner *ad vitam aeternam* un vote contre, sans froisser leur parti ni leurs électeurs dans leurs circonscriptions, ils ont trouvé leur salut dans le mutisme parlementaire, quitte à laisser prospérer l'excès d'intolérance dans leur famille politique.

La France devient en 2013 le neuvième pays européen, le quatorzième mondial, à autoriser le mariage et l'adoption aux couples de même sexe. Dans l'hémicycle, c'est la fête : Christiane Taubira tient un discours qui marque les cœurs de tous les Français partisans. Face à l'amphithéâtre bouillonnant et aux tribunes pleines, la garde des Sceaux rappelle son objectif : « Nous allons poser les mots et nous parlons d'égoïsme pour ceux qui s'imaginent qu'une institution de la République pourrait être réservée à une catégorie de citoyens. Nous disons que, oui, le mariage ouvert aux couples de même sexe illustre bien la devise de la République, la liberté de se choisir, la liberté de décider de vivre ensemble. Nous proclamons par ce texte l'égalité, l'égalité de tous les couples, l'égalité de toutes les familles. Et nous disons aussi qu'il y a dans cet acte une démarche de fraternité parce que aucune différence ne peut servir de prétexte à des discrimi-

1. Nicolas Machiavel, *Le Prince* (1532).

nations d'État. » Malgré mes multiples demandes, Christiane Taubira n'a pas souhaité prendre le temps de revenir sur son rôle dans l'élaboration de la loi, sur son passage dans l'hémicycle et sur les dix ans écoulés. Au-delà de la bataille qu'elle a menée et des oppositions qu'elle a dû affronter, j'aurais voulu savoir ce qu'elle a ressenti lorsque sa couleur de peau a été visée, qu'on l'a dépeinte en guenon. Ou lorsque Christian Jacob, le chef de file de la droite à l'Assemblée nationale, l'a traitée de « Badinter aux petits pieds ». J'aurais voulu lui parler des DROM-COM où les associations LGBT se sentent parfois abandonnées et la haine anti-LGBT est plus grave que dans l'Hexagone[1].

Le moment est historique. « J'ai des amis qui étaient très éloignés du monde politique, qui s'étaient déplacés pour assister au vote définitif », raconte l'actuel ministre des Transports Clément Beaune. David Belliard, à l'époque encore journaliste à *Alternatives économiques*, est sur place lors du vote final : « Je n'étais pas ému, j'étais en larmes, j'étais entouré de pédés et de lesbiennes, tout le monde avait les yeux mouillés, je m'en

1. Sélène Agape, « Mariage pour tous : Dix ans après, la difficile libération de la parole LGBT+ aux Antilles », *20 Minutes*, 19 juin 2023.

rappellerai toute ma vie. » Et pour cause : le chemin fut long et escarpé ! Il remonte au moins à 2004, lors d'un moment fondateur largement ignoré aujourd'hui.

Jospin contre Strauss-Kahn

La volonté de légiférer sur le mariage entre personnes de même sexe remonte aux premiers débats autour du pacs à la fin des années 1990. L'épidémie du sida est passée par là, et de nombreux citoyens et militants associatifs ont interpellé les politiques pour leur raconter la détresse dans laquelle se trouvaient les compagnons veufs. Sans aucune existence juridique, ils subissent les affres d'un statut inexistant. Il faut légiférer, et vite.

S'amorce alors une séquence politiquement éreintante pour les défenseurs de cette protection juridique. « Les débats ont été très violents, plus que pour le mariage pour tous. Les députés d'opposition proposaient que le pacs soit signé à la direction des services vétérinaires ou qu'il puisse être conclu entre poissons ou autres animaux. Il y avait une homophobie qui ne se maîtrisait pas et qui s'est exprimée pleinement dans l'hémicycle et dans la rue », se remémore, pipe au bec, assis derrière son bureau, Patrick Bloche, député PS à Paris et à l'époque rapporteur du projet de loi. On se souvient des « pédés au bûcher », écrits sur les pancartes dans les manifestations orchestrées par la droite conservatrice, ou encore des centaines de milliers de manifestants qui parlaient déjà du mariage comme d'une damnation à venir. Les efforts des politiques et associations en faveur de l'extension du mariage sont à l'époque tout entiers tournés vers la protection du pacs. Il leur faut écarter toute autre proposition d'avancées sur le sujet...

Lorsque je demande à l'ancien président François Hollande de retracer la genèse du mariage pour tous, il se remémore une réunion du bureau national du PS avec les éléphants du parti en mai 2004 : Élisabeth Guigou, Jean-Marc Ayrault ou encore Arnaud Montebourg, discutant de sujets sociétaux qui concernent leur électorat. Ce rendez-vous a été plusieurs fois repoussé. Certains ont exprimé leur soutien et leur envie de voir la France aller vers le mariage et l'adoption pour tous, comme l'ancien ministre de l'Économie Dominique Strauss-Kahn ; d'autres, comme l'ancien Premier ministre Lionel Jospin, ont exprimé leur farouche opposition à cette direction, déclarant qu'« on peut réprouver et combattre l'homophobie tout en n'étant pas favorable au mariage homosexuel ». Selon lui, il fallait même faire attention à une « nouvelle tentation bien-pensante »[1]. De son point de vue et de celui de ses soutiens, le pacs était suffisant. Patrick Bloche affirme quant à lui que « Jospin avait donné une feuille de route très claire : non au mariage. Il y restera opposé et, de ce fait, Élisabeth Guigou comme garde des Sceaux sera une gardienne vigilante de ces indications. On a eu une réunion de bureau national très intéressante avec des personnes qui n'avaient jamais donné leur avis sur cela et qui, d'un coup, se sentaient très mal à l'aise. Le mariage ouvrant la voie à l'adoption, ça en a heurté plusieurs, ça faisait sauter un verrou, celui de l'homoparentalité, du répertoire des enfants et de la famille. C'était contre la filiation. Ils bloquaient totalement. Sauf que nous étions à gauche et que l'on devait faire consensus pour le mariage ». C'était la première fois que Lionel Jospin s'exprimait aussi ouvertement dans les débats internes au PS à propos d'un sujet d'actualité et de société. Il a répondu à DSK par articles de presse interposés. Depuis, Lionel Jospin s'est rangé au vote de l'Assemblée et n'a plus jamais tenu de propos similaires, sans pour autant être un militant des droits LGBT.

1. Tribune dans le *JDD* sur le mariage pour tous, 16 mai 2004.

François Hollande situe là la naissance de son propre engagement et son envie de mettre le sujet sur la table. Si même sa propre compagne de l'époque, Ségolène Royal, exprimait des réticences sur ce projet, il sait déjà au fond de lui qu'il voudra le porter pour trancher avec ses autres concurrents qui n'oseront peut-être pas en faire un argument de campagne. L'engagement numéro 31 du programme du socialiste à l'élection présidentielle de 2012 souhaitait ainsi garantir « l'accès au mariage et à l'adoption aux couples de même sexe ». Ses concurrents Nicolas Sarkozy, Marine Le Pen, François Bayrou ne proposent rien. Il faut regarder du côté de Jean-Luc Mélenchon et de l'écologiste Eva Joly pour retrouver mention du mariage et de l'adoption des couples de même sexe, auxquels les deux candidats de gauche ajoutent également l'accès à la procréation médicalement assistée (PMA).

La fracture imprévue ?

Est-ce que, en 2012 déjà, François Hollande a conscience que cet engagement serait aussi clivant pour la France, car discuté au sein même de son propre parti de gauche plutôt précurseur sur les sexualités ? Était-ce le rôle du premier président de gauche depuis François Mitterrand de faire en sorte que cette réforme sociétale passe à tout prix? N'y avait-il pas d'autres priorités plus sociales et populaires? L'ancien président balaie d'un revers de main toutes ces questions : « Ce n'est pas parce que les Français interrogés étaient pour ou contre qu'il ne fallait pas légiférer. Le rôle d'une loi consiste à augmenter les droits, sans qu'il y ait rien au-dessus qui puisse la discuter. Et je remarque aussi que mon adversaire lors de la présidentielle de 2012, Nicolas Sarkozy, ne voulait même pas en entendre parler. Il était de l'école "on peut rajouter des choses au pacs existant, ce sera déjà bien suffisant". Dix ans après, cela me fait dire que si je n'avais pas été élu, cette loi n'aurait jamais existé... »

Lorsque je lui fais constater que son successeur et ancien ministre aurait sûrement lancé ce chantier, dans sa veine libérale très ouverte sur les enjeux sociétaux, il rétorque : « Quand j'ai entendu Emmanuel Macron affirmer que nous avions divisé l'opinion, je me dis qu'il n'aurait pas osé prendre cette initiative de peur de froisser sa droite, pas à l'aise sur ces questions mais dont il avait besoin pour gouverner. » L'actuel locataire de l'Élysée s'est peu exprimé sur le mariage pour tous. Lorsqu'on soigne sa droite et sa gauche en campagne présidentielle, c'est le genre de sujet qu'on évite proactivement. Pourtant, en février 2017, l'inattendu candidat à la tête d'En marche! avait parlé d'« humiliation » au sujet du traitement par la gauche des opposants au mariage pour tous[1]. Le président Hollande et son gouvernement n'avaient selon lui pas respecté les interrogations des anti. Malgré cela, Emmanuel Macron reste la figure politique la plus ouverte – pour 31 % des Français selon notre sondage IFOP/Fayard[2].

Il s'expliquera quelques semaines après sur ses propos en affirmant : « Il fallait aller vite et ne pas laisser s'installer une espèce de débat qui a clivé profondément la société et a donné le sentiment à une partie qu'elle n'était pas entendue. C'est uniquement ce que j'ai voulu dire[3]. » Pour tenter de rattraper le coup et rassurer les associations LGBT, il annonce rapidement être favorable à la procréation médicalement assistée – elle sera en effet mise en place des années après son élection grâce à la pugnacité et au militantisme de Raphaël Gérard, député LREM de Charente-Maritime, toujours en fonction, et, plus personnellement, grâce à la députée lesbienne de l'Allier de l'époque, Laurence Vanceunebrock[4]. Hollande ayant botté en touche, Macron a

1. Jérôme Garcin, « Emmanuel Macron sur La Manif pour tous : "On a humilié cette France-là" », *L'Obs*, 16 février 2017.
2. Voir chapitre 9 « Emmanuel Macron : président préféré des LGBT ? ».
3. *Causette*, février 2017.
4. Voir chapitre 5 « Femme lesbienne en politique : la double peine ».

récupéré la PMA ; mais, voyant son électorat se déplacer vers le centre droit, il n'a pas souhaité en faire un symbole du quinquennat, « alors qu'il aurait dû faire comme Giscard avec l'IVG, en faire un marqueur sociétal dès le début de son mandat », m'explique François Kraus, directeur d'opinion à l'IFOP.

Toujours est-il qu'en 2012 François Hollande n'avait pas mesuré l'impact de cette proposition de loi sur la société française, sur cette France catholique et conservatrice silencieuse depuis le pacs : « Il y avait sans doute des milieux conservateurs traditionalistes qui ne voulaient pas du mariage. Mais on les regardait souvent comme des archéos, des ringards, pas une force mobilisatrice. »

La Manif pour tous, elle, innove à plusieurs échelles. Au-delà du nombre de participants et de la jeunesse de ses dirigeants, l'habileté de ce mouvement repose sur la centralisation des familles et des jeunes dans le combat politique, ainsi qu'une modernité dans les formes de revendications et d'actions : l'usage des réseaux sociaux, largement sous-estimé par la classe politique, le marketing omniprésent à chaque sortie dans la rue – le pull à capuche « famille hétérosexuelle » comme emblème. Pour 25 euros, on peut alors afficher son opposition à la loi Taubira en faisant du sport ou en allant faire des courses le dimanche, cela fait désormais partie d'un style quotidien, d'un accessoire tendance. Pour Frigide Barjot et ses acolytes, les militants représentent des panneaux publicitaires vivants chaque samedi. L'organisation s'appuie à la fois sur les églises, largement investies, et la frange catholique de l'armée[1], par ses relais dans les différentes instances gouvernementales et locales. Certains cadres militaires et des retraités ont fourni l'ossature de la mobilisation.

Aucun sondeur ni expert de la vie politique ne s'attendait à ça. Clément Beaune, actuel ministre des Transports, à l'époque conseiller du Premier ministre Jean-Marc Ayrault, au cœur du pouvoir, se remémore : « En sortant du ministère, on tombait sur des jeunes Veilleurs[2] qui lisaient les Psaumes à la bougie sur le trottoir. Il y avait un côté angoissant et imprévisible à sortir du travail et à tomber sur eux, priant contre nos unions. » De nombreux anciens du quinquennat reconnaissent ne pas avoir

1. Le général Bruno Dary, ancien gouverneur militaire de Paris (2007-2012), farouchement opposé à la loi, a par exemple servi d'expert aux anti-mariage notamment dans le comptage des manifestants.
2. Les Veilleurs est un mouvement de manifestations sur la voie publique, « mouvement non formel » associé à La Manif pour tous, apparu le 16 avril 2013, se réunissant sur des lieux publics pour manifester son opposition à la loi ouvrant le mariage aux personnes de même sexe en France.

vu venir la vague de La Manif pour tous. Dans ce cas précis, ce sont les œillères d'un gouvernement et des commentateurs médiatiques qui n'ont pas su correctement anticiper les clivages que provoquerait une telle réforme sociétale. « François Hollande a parfois eu des moments de découragement devant l'ampleur des manifestations. Il y avait aussi quelques mauvais génies dans son entourage, comme Bernard Poignant qui l'incitait à renoncer. J'étais quant à moi convaincue du bien-fondé de cette réforme d'égalité. Je l'encourageais à tenir bon », raconte Valérie Trierweiler, aux premières loges de ce moment. Bernard Poignant est alors un des plus proches soutiens de François Hollande, ils se connaissent depuis les années 1980, l'époque de Jacques Delors et François Mitterrand, ils ont baigné dans les clubs et autres soutiens au PS. À son arrivée à l'Élysée, le président le nomme conseiller spécial, au plus près de lui. Bernard Poignant fait part de ses réserves à François Hollande et aux membres du gouvernement sur l'adoption par les couples de même sexe incluse dans le projet de loi, question qui ne concerne pas seulement les adultes mais les enfants. Il avance que « tout enfant, quel que soit le cadre de son éducation, doit savoir qu'il a un père et une mère, même s'il est élevé par deux hommes ou deux femmes. Un enfant se construit dans l'altérité des deux genres, féminin et masculin[1] ». Il annonce qu'il respectera naturellement la loi si le projet est adopté et promulgué par le président de la République, mais qu'il n'en sera pas un défenseur acharné.

Tous les coups sont permis pour décrédibiliser cette réforme, de la part de religieux de tout bord, de certains hauts fonctionnaires et même de la Russie appelée à la rescousse par des militants invoquant le manque de démocratie en France lors des débats sur la loi Taubira. « Je me souviens que Mgr Vingt-Trois [archevêque de Paris] était venu me voir en me disant qu'une partie de mon électorat serait froissée par cette réforme. Il visait sans doute des milieux catholiques de gauche, mais aussi des milieux musulmans ou juifs, en m'interpellant : "Est-ce que vous êtes sûr que vous aurez leur assentiment ?" La droite, d'ailleurs, a joué aussi sur ce courant-là. Je me souviens qu'aux élections municipales quelque temps après il y a eu des abstentions, voire des votes contre nos candidats socialistes parce que la droite avait utilisé le thème du mariage auprès de ces milieux-là », souligne François Hollande.

1. Entretien donné au *Télégramme* le 28 septembre 2012.

Si, effectivement, en 2014, deux mille maires UMP/UDI/FN ont signé une charte écrite par des leaders de La Manif pour tous (Hervé Mariton, Laurent Wauquiez, Jean-François Copé...) apportant leur soutien à « la préservation de la famille », à l'inverse, pour Jean-Yves Camus, chercheur associé à l'Institut des relations internationales et stratégiques (IRIS) et spécialiste des droites extrêmes : « Ce qui a pu coûter des voix à la gauche, ce n'est pas d'avoir présenté le projet de loi sur le mariage pour tous, mais d'avoir mis en avant des politiques sociétales alors que son électorat attendait des politiques économiques et sociales[1]. » Le mariage pour tous a été un sujet éminemment politique, chaque camp accusant l'autre de compromissions, de ne pas en faire assez ou d'en faire trop. Certains, flairant les nouvelles voix à glaner, se sont perdus dans des positionnements conservateurs et homophobes. D'autres ont révélé leur attachement nouveau à un supposé droit de l'enfant.

1. Mathieu Dejean et Jean-Marie Pottier, « Mariage pour tous et défaites de la gauche : le coupable était trop parfait », Slate, 11 juil. 2014.

Frigide Barjot, icône des anti

« Elle n'est pas méchante, mais elle adore la lumière » ; c'est ainsi que Jean-Luc Romero-Michel dépeint Frigide Barjot, la reine autoproclamée de La Manif pour tous. Un personnage haut en couleur, loin des catholiques traditionalistes comme Christine Boutin qui avait incarné l'opposition au pacs en 1998. Beaucoup plus fun, elle a réussi à déringardiser le cliché de ces manifestants réfractaires à tout changement dans l'esprit commun. Elle était là, Frigide, blonde décolorée, chignon déstructuré, langage jeune et tenues flashy, même lorsqu'elle a été reçue à l'Élysée. Elle était énergique, toujours prête à prendre le mégaphone pour motiver les troupes au son de tubes disco, pourtant hymnes d'une époque de visibilité gay à l'instar des Village People. Je me souviens encore comment *Le Petit Journal*[1] se faisait un malin plaisir de la ridiculiser à chaque prise de parole homophobe ou lors des dérapages de ses militants. Qu'a-t-elle apporté au débat ? Rien, elle ne savait pas même gérer une horde d'opposants qui, à la moindre occasion, endoctrinaient leurs petites têtes blondes dans les cortèges.

---

1. Émission politico-médiatique qui était diffusée sur Canal + et présentée par Yann Barthès.

Frigide Barjot est avant tout une femme d'affaires, communicante hors pair et animatrice qui avait fait ses armes en politique lors de la période Rassemblement pour la République (RPR), où elle a su lisser l'image vieillotte du parti. Elle est aussi une mère de famille maîtrisant la finesse du symbole de la maman parfaite qui a toujours cherché la gloire, quitte à s'y perdre. Elle a senti qu'elle pourrait trouver dans le catholicisme 2.0 une renaissance, elle qui était plutôt habituée à la série B, elle s'y est jetée corps et âme, emportant ses enfants et ses proches dans sa nouvelle célébrité. Utilisant tous les moyens marketing pour créer une marque, une armée, la sienne, « La Manif pour tous ».

Je n'ai pas souhaité l'interroger, je la tiens pour responsable de la lenteur des progrès de la visibilité des politiques LGBT en France. Elle me rappelle tout ce qui me conduit à écrire ce livre. La manière dont elle s'est servie d'une partie de la société pour pousser son propre agenda va à l'encontre de la discussion nécessaire entre deux camps qui s'affrontent. Elle a fait de sa vision étriquée de la famille un objet marchand ; or, comme me l'a dit l'ancien Premier ministre gay du Luxembourg Xavier Bettel, premier chef d'un gouvernement européen à s'être marié avec une personne de même sexe : « On ne doit jamais faire de la politique ou du *buzz* sur le dos d'une minorité, jamais, le faire, c'est dégueulasse. » Je ne l'aurais pas mieux exprimé.

Dix ans après, ces débats à l'Assemblée nationale et sur les plateaux télé gardent un goût amer pour nombre de nos élus et d'autres témoins. La surmédiatisation des anti a imprimé des traces indélébiles dans notre pays, notamment chez les principaux concernés. Pour Alice Coffin, militante lesbienne et conseillère de Paris, il y a eu « saturation de l'espace médiatique sur ces questions ». C'était aussi le début de la période où les chaînes d'info en continu avaient le vent en poupe. La course au *buzz* et à la phrase qui ferait mouche et résumerait le sujet battait son plein. Frigide Barjot était une excellente cliente pour les programmateurs, ils pouvaient la mettre devant n'importe qui, elle galvanisait l'audimat. Un souvenir violent pour Alice Coffin et ses proches militants : « Tous les jours, tu es la cible, ils vont scruter tous tes gestes, parler de toi, te traiter comme objet de l'ensemble des émissions – télévision, radio, presse écrite et dans les discours politiques, ce qui est une violence en soi, car le contenu de ces discours-là était particulièrement problématique. La Manif pour tous était jugée aussi audible que la communauté LGBT, c'est-à-dire qu'il y avait un gros intérêt pour faire du *buzz*. Cela constituait une part du génie de communication de la part de Frigide Barjot et de son entourage. Elle a complètement tiré profit de la faiblesse médiatique des associations LGBT institutionnelles et du débat que François Hollande a créé en ne légiférant pas plus vite. »

Le constat est identique du côté de l'ancien secrétaire d'État Mounir Mahjoubi : « Je me suis pris en pleine gueule cette Manif pour tous. J'ai passé toute ma vie à essayer de mener une vie normale. Je n'avais jamais vu un catholique homophobe de ma vie, j'avais grandi à Paris en étant assez préservé. Et donc, quand ça arrive, je découvre ces gens-là, en boucle sur les chaînes d'information, les radios, dans toute la France. Je suis hébété, puis en colère, et je me dis que je dois manifester, je dois lutter. » Un traumatisme encore lourd à porter pour certains, une force pour d'autres : 2013 aura été une année charnière pour la communauté LGBT.

La « liberté de conscience »

Avant le vote du mariage et les premières célébrations, un moment politique fort revient dans la bouche de plusieurs personnes interrogées : le congrès des maires de 2013. Cet événement majeur de la vie de la Ve République se déroule sur plusieurs jours dans la capitale. Les maires de France passent la semaine à Paris pour se rencontrer et parler des thématiques locales, sous les yeux d'élus et de ministres centralisés, tous en quête de la France, la vraie. Avec le Salon de l'agriculture, c'est le moment incontournable du calendrier politique pour tisser son réseau.

Il s'avère que celui qui ouvre cette année les festivités n'est autre que Bertrand Delanoë. Le maire de la capitale est connu pour avoir fait son *coming out* en 1998 à la télévision, peu avant l'élection qui l'a placé à la tête de la Ville. Le ténor socialiste, engagé pour le mariage pour tous, lance le congrès des maires avec le président de la République comme le veut la tradition : « Je ne sais pas si des images du discours existent, mais si vous les retrouvez, vous verrez ma gêne au moment où François Hollande, que je connais très bien, commence à s'empêtrer dans son histoire de liberté de conscience. J'ai même une expression sonore, je crie : "Non !" quand il prononce cette phrase. Quelques minutes après, je lui ai dit : "François, tu as dit une connerie !" » se souvient dix ans après l'édile parisien autour d'un café. Trop tard, la formule de la liberté de conscience est posée.

Ils ne passeront pas pour certains, de Roselyne Bachelot (« C'est un débat qui aurait dû être dépassionné en évitant ce genre de phrase, dix ans après je me dis : "Tout ça pour ça" ») à l'élu communiste Ian Brossat (« J'ai trouvé ça d'une tristesse venant d'un président de gauche que j'avais contribué à faire élire, j'ai trouvé ça humiliant ») en passant par l'écologiste David Belliard (« On a eu l'impression – c'est une de mes ruptures avec le PS – qu'il n'assumerait pas de porter cette loi ; qu'est-ce qu'il reste de son mandat à part ça maintenant ? Il aurait pu mieux le porter »). Valérie Trierweiler est une personnalité discrète qui, depuis sa séparation d'avec François Hollande, est en sevrage médiatique. La journaliste a vécu à l'Élysée pendant toute la durée des débats ; de la liberté de conscience, elle garde un souvenir amer : « J'étais dans la salle et j'ai compris que cela serait très mal pris. J'ai immédiatement envoyé un message à François Hollande. J'ai ensuite reçu énormément de SMS d'amis ou de connaissances se disant extrêmement déçus. J'ai transmis ces messages. François Hollande a convenu par la suite qu'il avait commis une erreur. Il avait été influencé par les maires des petites communes rurales de sa région. »

Dix ans plus tard, lorsque j'interroge l'ancien chef de l'État dans son bureau parisien, il sait qu'il ne pourra pas échapper à la question. Il l'attend même. Pour lui, c'est très clair, il a été mal compris : « À ce moment-là, il y avait des maires qui disaient partout qu'ils ne célébreraient pas de mariage. Moi, ce qui m'importe, c'est que les mariages puissent être organisés dans toutes les villes et tous les villages, toutes les communes de France. Donc je leur ai dit : “Si vous ne voulez pas, on ne va pas vous forcer individuellement, mais il faudra prévoir qu'il y ait forcément un conseiller municipal, un adjoint au maire, qui prononce le mariage.” On n'oblige personne. Même si le maire est un officier d'état civil, il a des obligations. Mais si lui-même ou elle-même ne veut pas, on ne va pas envoyer la force publique pour l'y contraindre… J'ai regretté cette phrase, car elle a été utilisée comme une déclaration pouvant nuire à cette loi et à mon action en semant le doute sur ma détermination. » Ces mots n'auront pas empêché son gouvernement de tout faire pour promulguer la loi, quitte à laisser parfois un trop gros espace d'expression aux anti et à retirer la PMA – pourtant promesse de campagne accolée au mariage pour tous – pour éteindre les braises encore ardentes de la contestation.

Le premier mariage pour tous

Le 29 mai 2013, Vincent Autin, un militant de la cause homosexuelle, et Bruno Boileau se disent oui. La maire de Montpellier, Hélène Mandroux (PS), n'est pas parvenue à retenir ses larmes, étranglée par l'émotion : « Ce soir, une discrimination est tombée », lance celle qui milite depuis des années pour que cette union soit possible et célèbre le premier mariage homosexuel en France. Les deux mariés de l'Hérault, qui s'étaient rencontrés en 2006 sur un forum en ligne consacré au chanteur Christophe Willem, sont depuis divorcés. À travers la bataille du mariage pour tous, c'est aussi le divorce pour tous que la France a gagné il y a dix ans.

Le samedi 8 juin 2013, rue des Francs-Bourgeois, à deux pas de l'Hôtel de Ville, l'ancien maire du Ve arrondissement et actuel conseiller de Paris Christophe Girard devient le premier élu homosexuel à se marier, lors d'une cérémonie réunissant de nombreuses personnalités.

« C'est assez impressionnant car, depuis 2013, d'un coup une chose qui était considérée comme en dehors de la norme pour les Français est devenue beaucoup plus acceptée socialement. Avant les débats et les dérapages politiques, 60 % de personnes étaient favorables à la loi Taubira et 40 % étaient pour l'adoption. Aujourd'hui on est à plus de 70 % pour les deux sujets », m'explique François Kraus. Selon lui, « l'homophobie politique décomplexée pendant les débats en 2013 ne doit pas faire oublier que, pour les Français, il y a un effet de légitimation juridique des modes de conjugalité homoparentale. À partir du moment où la loi est votée et offre un cadre, il n'est plus question d'en rediscuter pour les citoyens, d'où l'importance d'avoir des politiques au clair sur ces questions ».

Aujourd'hui, les voix voulant remettre publiquement en cause le texte en cas d'accession au pouvoir sont inaudibles. Réserver à nouveau le mariage aux hétérosexuels n'a été au programme d'aucun candidat à la présidentielle de 2022. Seul Éric Zemmour avait osé un « On verra[1] ». Pourtant, il faut rester vigilant et la communauté LGBT le sait, comme chaque minorité au fond d'elle sait qu'elle peut toujours faire les frais d'une politique réactionnaire. En Italie par exemple, Giorgia Meloni, nouvelle Première ministre élue en 2022 et cheffe du parti d'extrême droite Fratelli d'Italia, a fait campagne sur la défense de « la famille naturelle ». Première mesure phare prise en avril 2023 : faire en sorte que les actes de naissance d'enfants de couples de femmes nés d'une PMA ne comportent plus le nom de la mère non biologique. Une autre proposition de loi est dans les tuyaux visant à rendre passible de deux ans de prison la GPA faite à l'étranger par les couples italiens LGBT. « La droite conservatrice actuellement au pouvoir nie le caractère homophobe de ces mesures, mais elle défend une vision traditionnelle de la famille, où les parents sont obligatoirement

1. Le Grand Jury RTL/Le Figaro/LCI, 24 octobre 2021.

un homme et une femme[1] », analyse Sofia Ventura, professeure en sciences politiques à l'université de Bologne. Il faut considérer avec grande attention ce qui se passe à quelques kilomètres de nous, dans un silence politique assez déroutant. D'autant plus qu'il n'est pas toujours besoin de regarder ailleurs : en 2022, l'Assemblée nationale a rejeté l'accès à la PMA aux hommes trans.

Même si mes interlocuteurs regrettent tous la surprésence des militants de La Manif pour tous et le déséquilibre médiatique entre les deux camps, dix ans après, ils reconnaissent en être sortis victorieux compte tenu de la normalisation du mariage pour les Français. Dans les années 2000, 73 % des sondés trouvaient choquant qu'un candidat à la présidentielle soit homosexuel[2] ; ils sont désormais 80 % en 2023 à ne pas trouver cela problématique. Si dix années de mariage pour tous ont permis une ouverture progressive de la société sur les problématiques LGBT, le fait d'avoir des politiques de premier plan qui sortent de plus en plus du placard a également joué dans cette avancée.

---

1. Marie-Violette Bernard, « "Nous savions que ça finirait par arriver" : en Italie, la traque des familles homoparentales par le gouvernement de Giorgia Meloni a commencé », France Info, 5 août 2023.
2. Sondage SOFRES/*Têtu*, février 2000.

Chapitre 2

Le dire, le rendre public

Bertrand Delanoë, le précurseur

Voici un personnage comme il est de plus en plus rare d'en trouver, un vrai politique à l'ancienne. Toujours un mot qui claque pour chacun. La patronne ukrainienne du bistrot près de chez lui où il m'a donné rendez-vous n'y échappe pas plus que les passants heureux qui le reconnaissent ou même un obscur conseiller d'arrondissement dont il veut à tout prix rappeler une anecdote homophobe.

Lorsque j'ai commencé mon travail de recherche, je suis retombée sur son passage dans *Zone interdite* en 1998, bien avant le mariage pour tous. Le reportage est filmé avec tous les codes des grandes interviews produites à l'époque à la télévision. On y voit un Bertrand Delanoë affable, qui laisse les journalistes le suivre dans son quotidien d'homme fort du Parti socialiste parisien, à la fois fan de Dalida et méticuleusement organisé.

Pour pouvoir le contacter et être sûre qu'il réponde à mes questions, j'ai dû être cooptée par l'un de ses proches. L'homme est discret, il partage sa vie entre Bizerte, en Tunisie et Paris. Un retraité toujours actif qui déjeune et dîne beaucoup avec le paysage politique actuel, qui adore se réclamer de son héritage. Être passé chez Delanoë, ça fait chic. Le nombre de personnes ayant travaillé sous ses ordres et à la brillante carrière par la suite fait rêver les jeunes ambitieux : Mathias Vicherat, l'actuel directeur de Sciences Po, Élisabeth Borne, la Première ministre actuelle, Nicolas Revel, le directeur de l'APHP, Emmanuel Grégoire, le premier adjoint à la Ville de Paris ou Aurélien Rousseau, l'actuel ministre de la Santé. Tous mes amis journalistes m'ont prévenue : « Bertrand Delanoë ne donne pas son numéro aux journalistes, c'est lui qui décide s'il te voit ou pas, si ça l'intéresse ou non, il est très *cash* et n'a pas beaucoup de temps. »

Bertrand Delanoë restera « mon » maire. Parisienne pure et dure avec des parents arrivés en France grâce à l'ouverture des régularisations des sans-papiers sous François Mitterrand, j'avais une sorte d'affection et de respect pour lui. Il représentait l'accueil français des années 1990. Lorsque j'étais à l'école, j'ai eu l'occasion à plusieurs reprises de le rencontrer pour des inaugurations ou autres hommages parisiens. Son homosexualité était déjà de notoriété publique, et je trouvais le symbole pour Paris important.

Depuis son retrait de la Mairie de Paris, l'homme a déserté les plateaux télé, il ne s'est pas accroché à un ultime mandat, n'a pas cherché à se recaser à tout prix dans des institutions prestigieuses. Ne restent que des apparitions politiques sporadiques, mais très remarquées. Avant de me rencontrer, il a souhaité m'appeler. C'est comme ça qu'un mardi, à 14 heures, j'ai reçu un coup de fil masqué, après avoir lancé ma demande officielle plusieurs mois auparavant : « Allô, bonjour, c'est Bertrand Delanoë, je voudrais parler à Sonia Tir », lance-t-il d'une voix chaude et un peu aiguë, qui rappelle celle que j'entendais dans *Les Guignols de l'info* de ma jeunesse.

Au bout de quelques instants, il me demande pourquoi ce livre. Je lui parle de mon adolescence, de l'éducation religieuse que j'ai reçue où les homosexuels n'ont pas leur place, de l'envie de m'en détacher le plus rapidement possible comme de tous les carcans conservateurs qui m'entouraient. Il me demande quelle est la base de mon engagement. Puis au bout d'une quinzaine de minutes, il me donne rendez-vous un mois plus tard, dans un bistrot du Ve arrondissement, en se gardant bien de me donner son numéro de portable en cas de changement ou d'annulation. Je lui demande comment faire si j'ai un empêchement : « Il va falloir pouvoir, mademoiselle », conclut-il de son ton enjoué.

Les semaines passent et c'est le Jour J. Les bistrots sont les cauchemars des personnes comme moi qui recueillent la parole des concernés, entre le bruit des percolateurs, des serveurs qui se hâtent de dresser les tables dès que les clients s'en vont et la proximité avec les voisins de table, alors que le but est d'entrer dans l'intimité des gens. Je suis soulagée de constater que le lieu choisi par l'ancien édile est une brasserie familiale discrète où il a ses habitudes. À l'heure, il pénètre dans l'établissement, les quelques clients matinaux déjà présents interrompent leur conversation et le fixent. J'entends la femme attablée à un siège de moi murmurer à son compagnon : « C'est l'ancien maire de Paris, il a sacrément bonne mine pour son âge ! » Il s'installe à table et, très vite, fait quelques blagues sur François Hollande et le Parti socialiste, puis me raconte son fameux premier *coming out* médiatique.

Nous sommes en 1998 et, à l'Assemblée nationale, à l'occasion du débat parlementaire sur le pacs, les échanges sont violents[1] et les journées

1. « Les pédés au bûcher ! » Exemple d'insultes et de slogans entendus le 31 janvier 1999 dans les cortèges parisiens des manifestations anti-pacs.

interminables. Dans l'opinion des Français, les chiffres sont glaçants : en 1981, 61 % estimaient choquante l'homosexualité d'un président de la République, 47 % se sentaient gênés de voter pour un candidat ouvertement LGBT lors d'une élection, quelle que soit son importance[1]. Le maire de Paris choisit cette période pour jouer la transparence, le 22 novembre 1998, sur M6.

« Je n'avais vraiment pas envie de le faire, ma vie allait bien, je vivais tranquillement, célibataire ou en couple, tout le monde s'en foutait. Je ne me cachais pas, je ne m'affichais pas, je vivais sans ostentation. Mais quand les équipes de M6 m'ont approché, je me suis demandé si j'avais le droit de dire non… C'était du militantisme car, à l'époque, je voulais déjà être candidat à la Mairie de Paris et j'étais persuadé que si je me révélais comme cela, c'était fichu, je perdrais cette campagne. Mon entourage politique, dans mon propre parti, me disait de ne pas le faire, car je risquais de m'affaiblir. J'ai posé une condition à M6, celle de corréler mon *coming out* à mon engagement féministe, car je ne me bats pas que pour une minorité, celle des gays, je me bats surtout pour une majorité, celle des femmes et des

1. Voir sondage IFOP/Fayard en fin de livre et sondage SOFRES/*Têtu* en 2003.

menaces qui pèsent sur elles. » Bertrand Delanoë, intersectionnel avant l'heure? Cela le fait sourire, il a toujours aspiré à la paix. Le seul homme politique à s'être alors publiquement déclaré homosexuel est sans doute, aujourd'hui, l'un des moins exposés et l'un des moins sollicités sur la question.

En faisant le choix d'une émission avec forte audience, en direct, juste avant une élection majeure dans la plus grande ville de France, Bertrand Delanoë n'a plus besoin de révéler, tout est déjà dit et il peut commencer sa campagne le cœur léger. Il est élu en 2001 dans le cadre d'une quadrangulaire avec près de 50% des voix au second tour, puis réélu en 2008 avec 57% des voix au second tour. Les Parisiens ont choisi un projet, le sien. Sa grande victoire contre l'homophobie, ce sont ses treize ans de mandat.

Son *coming out* aura marqué une jeune génération d'élus et militants comme Maxime Crosnier, porte-parole de l'antenne parisienne des Écologistes : « J'étais adolescent à l'époque, dans ma petite ville de province et je me rappelle l'avoir vu en direct à la télévision, ça m'a bouleversé. Delanoë, c'était Paris pour moi, je me suis dit que c'était possible de réussir en politique. » Il aura aussi provoqué quelques réactions stupéfaites à droite, certains parleront de son passage télévisuel comme de l'exhibitionnisme. « Ils disent que j'ai été impudique, mais bon, ceux qui exhibent leur vie privée hétérosexuelle c'est eux, ce n'est pas moi. Quand c'était un mec qui s'affichait avec sa femme dans *Paris Match*, ça ne posait pas de problème, tout le monde le faisait et trouvait ça super », analyse l'ancien maire de Paris.

Pendant ses treize années de mandat, les attaques pleuvent : « La droite aimait bien dire partout que j'étais trop sympa avec les associations LGBT, que je leur faisais beaucoup de cadeaux. Et alors ? Je les emmerde et je leur ai toujours répondu que les associations n'avaient aucune subvention avant mon élection, et que maintenant, elles en ont. Donc oui, effectivement, on est passé de zéro à des sous ! »

Bertrand Delanoë se remémore une rencontre cocasse avec Mgr Vingt-Trois, évêque de Paris, en pleine période du mariage pour tous, l'homme de foi qui avait appelé les chrétiens à battre le pavé contre le projet de loi de François Hollande. À la veille de la plus grande manifestation parisienne, le hasard réunit les deux hommes en vue de célébrer les travaux de rénovation de l'église Saint-Paul, près de la place de la Bastille à Paris. Après un discours officiel, le maire lui explique qu'il a retenu une seule chose de ses jeunes années d'enseignement religieux, c'est que Dieu est amour : « Jusqu'à preuve du contraire, l'amour, c'est pour tout le monde! » C'était son militantisme à lui : « jamais dans l'action radicale », qu'il rejette toujours comme prise de position aujourd'hui, mais « dans le détail », avec l'attribution de subventions aux associations ou l'organisation d'événements en soutien. Il voit ainsi d'un œil plutôt surpris les jeunes générations de militants LGBT : « Je comprends les phénomènes de solidarité gay, mais je ne conseille pas de s'isoler, de s'enfermer dans des groupes et des orientations sexuelles. Je n'ai jamais voulu en faire un étendard. *Têtu* aimait à l'époque m'en faire le reproche, celui de ne pas m'afficher avec mon compagnon. Je répondais que je déteste qu'on se mêle de mes affaires personnelles. »

Le sociologue Jean-Yves Le Talec souligne que dans un tel contexte, aucun des discours accompagnant un *coming out* après 1998 ne se réfère à une notion de « communauté homosexuelle », ni même à un particularisme, mais s'appuie plutôt sur cette idée de « normalisation » universaliste et d'égalité des droits[1]. C'est particulièrement évident dans les propos de Bertrand Delanoë, qui met en avant ses engage-

1. « Sortir des placards de la République : Visages de l'homosexualité dans le monde politique français », *L'Homme et la Société*, n° 189-190, 2013.

ments en faveur des droits humains, tout en minimisant leur dimension spécifiquement homosexuelle : « En termes d'identité, ces hommes politiques relèvent un défi particulièrement délicat : affirmer publiquement leur homosexualité, tout en se distanciant des communautés LGBT et des réalités sociales qu'elles représentent, pour apparaître finalement comme des "citoyens normaux", affirmant une sexualité confinée dans l'espace privé. Un *coming out* désincarné en soi. »

Et pourtant, l'opinion des Français semble très ouverte sur cette question : en 2023, ils sont 87 % à approuver qu'il y ait au gouvernement une personne LGBT déclarée selon le sondage IFOP inédit réalisé pour ce livre. L'exercice de la vérité semble être plus important que l'orientation sexuelle des gens qui les dirigent. Cet attachement à la vérité et à l'indifférence sur ce sujet est très fort chez les moins de 35 ans, qui à 51 % répondent être totalement indifférents et ne porter aucun jugement au *coming out* d'un élu, et 35 % à l'approuver et à l'encourager totalement. Si l'on compare ces chiffres à ceux des générations plus anciennes, seulement 15 % des plus de 65 ans interrogés approuvent et encouragent cette démarche publique, quand 72 % ne s'y intéressent pas[1].

1. Sondage IFOP/Fayard.

Le coming out *par conviction ?*

Faut-il nécessairement faire son *coming out* avant d'entamer une carrière politique ? Est-ce que cela a un impact dans la perception des Français ? J'ai voulu poser la question aux principaux concernés qui sont à différents moments de leurs carrières.

Pour Clément Beaune, le *coming out* est provoqué par sa fonction. En juillet 2020, l'énarque, inconnu du grand public, est nommé secrétaire d'État à l'Europe. Pas le poste le plus exposé de la Vᵉ République, mais un rôle d'influence et de pouvoir diplomatique fort. Clément Beaune décroche son interview dans la *Matinale* de France Inter, l'émission politique la plus écoutée de France[1] : « Je n'avais pas particulièrement prévu de le dire, mais lorsqu'un auditeur m'a posé une question sur les zones anti-LGBT en Pologne, ça m'a bousculé. Je savais que ça me touchait de ne pas le dire à cet auditeur, que ça me concernait personnellement, je ne m'étais jamais vraiment préparé à cela. » Le secrétaire d'État condamne avec fermeté les zones polonaises sans invoquer son histoire personnelle. Plus tard, un journaliste entre en contact avec lui sur Twitter[2] et lui propose de discuter de l'homophobie

1. Médiamétrie, 2 291 000 auditeurs.
2. Aujourd'hui renommé X.

en Pologne : « Il savait que j'étais gay, on avait des amis en commun et je ne me cachais pas vraiment dans la sphère privée. J'étais célibataire et j'avais, comme un garçon de mon âge, des aventures et je sortais. Je ne me planquais pas mais je ne le disais pas non plus. »

Quelques mois après, c'est dans les pages de *Têtu*[1] que Clément Beaune choisit de l'évoquer : « Je suis gay et j'assume. » Au moment où il relit cette phrase à la fin de son interview, il sait que rien ne sera plus comme avant.

Lorsque je le rencontre place de la Bastille, par l'entremise d'un ami commun, c'est un homme avenant et très curieux des autres témoignages présents dans le livre qui vient à ma rencontre : « Moi, j'avais besoin de représentation : j'étais un garçon sage avec ses pulls en laine dans un milieu ouvert, mais je ne voyais personne qui me faisait penser à ce que je vivais intimement. C'est grâce à l'identification que je suis maintenant très à l'aise dans des milieux plus exubérants, même si ce ne sera jamais vraiment mon truc. Le milieu gay est très ouvert pour ça. J'avais besoin d'avoir quelqu'un

1. « Clément Beaune, "Je suis gay et je l'assume" », *Têtu*, décembre 2020, numéro spécial à l'occasion des 25 ans du magazine.

qui me ressemble, dans mes choix vestimentaires, dans mes études académiques, c'est très important. » Pour lui, peu importe les traits que l'on met en avant dans sa vie (origine ethnique, identité sexuelle, handicap…), il faut avoir des modèles d'identification, des gens qui ont ouvert la porte avant. « À un moment, il faut se voir, sinon on se sent malheureux, bizarre et à l'écart. Alors que je considérais la représentation comme secondaire, un truc à l'américaine, elle m'est apparue importante, essentielle pour ma construction personnelle et mon bien-être. »

Même s'il n'est pas nécessaire de dévoiler son intimité à toute l'opinion publique, le *coming out* étant un acte profond et personnel, plusieurs politiques interviewés l'envisagent comme une action collective et généreuse. S'ouvrir et incarner un pan minoritaire et peu représenté de la population suscite l'espoir chez ceux qui n'osent pas. Il en va ainsi pour d'autres critères. Adolescente, je n'avais par exemple pas de modèle de femmes arabes dans les milieux politiques, artistiques et médiatiques. Peu importe donc mes divergences idéologiques avec Rachida Dati ou Najat Vallaud-Belkacem, j'ai vécu leur arrivée à la télévision et dans l'espace politique comme une respiration, un chemin qui s'ouvrait. Grâce à leurs traits similaires aux miens et leurs parcours brillants, j'imaginais un avenir en politique.

Le coming out *jusqu'au Maroc*

La révélation peut être lourde de conséquences. Lorsqu'on vient d'un milieu conservateur par exemple, où l'homosexualité est mal vue, on sait le poids des mots. L'ancien secrétaire d'État au Numérique Mounir Mahjoubi est né à Paris en 1978, de « deux parents qui ont émigré dans les années 1970, deux Berbères qui viennent des montagnes du Maroc. J'ai grandi dans des petits logements du privé où on dormait tous dans la même pièce jusqu'au HLM dans les quartiers prioritaires de la capitale. On était loin d'être riches mais je n'ai jamais manqué de rien ». Sa mère est femme de ménage, son père manutentionnaire, ils travaillent beaucoup et le petit Mounir se retrouve souvent seul à rêver. Excellent élève, il survole sa scolarité. Grandir à Paris dans des quartiers encore très mixtes lui permet de côtoyer toutes les classes et origines. Il se souvient des immenses appartements de ses camarades d'école, alors que sa famille et lui partageaient un 35 mètres carrés à quatre. Lorsque ses parents divorcent, Mounir reste auprès de sa mère, il prend ses distances avec un patriarche qui s'est trop peu occupé de lui.

Il est encore jeune mais il se souvient que chez lui on change de chaîne dès qu'il y a des scènes d'amour. On évite de parler de sexe, considéré uniquement comme moyen de reproduction. On ne prononce jamais le mot « homosexuel », inconnu du vocabulaire du foyer. « Un jour, j'étais avec une de mes copines d'enfance, on avait 12 ans et la Gay Pride passait sous ses fenêtres. Je me souviens avoir dit : "Ah, il y a les *gaykes* qui passent, regarde!" J'avais dû entendre vaguement le mot *gay* à la télé et je l'avais prononcé de façon approximative, car je ne savais même pas de quoi je parlais. Ça n'existait pas dans ma vie. »

Mounir Mahjoubi grandit avec un gros besoin d'indépendance financière pour pouvoir suivre le rythme de ses camarades. Cela tombe bien, tout ce qui l'intéressait, c'était l'école, son salut. Il fait partie des rares jeunes Parisiens de son entourage à travailler dès ses 16 ans, devenant grâce à sa sœur technicien dans un centre d'appel téléphonique Club Internet, en bon *geek* qui se respecte. Le monde de l'emploi lui donne accès à la vie d'adulte. La parole est libre, les gens se séduisent, dix jours suffisent après sa prise de poste pour que Mounir Mahjoubi prenne conscience de son homosexualité. Son premier salaire gagné, un téléphone en poche, il enchaîne rencards et autres sorties avec de futurs amants et copains rencontrés sur la Toile.

« Ce n'est pas être gay qui m'a donné envie de faire de la politique, mais mon travail et le monde du numérique. En fait, j'ai tout de suite accepté le fait d'être homosexuel, donc je n'ai pas ressenti le besoin de me lancer dans un militantisme exacerbé. Le privé est politique, mais il faut respecter chacun et son milieu familial. Si par exemple ta mère est suicidaire ou en mauvais termes avec ses proches, tu n'auras peut-être pas envie d'en faire la publicité, au risque qu'elle sombre dans une longue et profonde dépression. J'ai dû en faire les frais, donc j'ai appris à ne plus juger les gens qui ne souhaitent pas en parler. »

Mounir Mahjoubi n'a jamais caché son compagnon, ils sont mariés, postent sur les réseaux sociaux, partagent un appartement, se retrouvent à la sortie du travail, une vie de couple on ne peut plus normal. « Personne ne le savait publiquement, parce que je n'étais pas connu. C'est lorsque je suis devenu ministre que des journalistes m'ont approché pour que je le rende encore plus public que je ne le faisais déjà. » Son parcours politique est aussi rapide qu'intense : il est propulsé à la tête de la campagne numérique de la candidate de la gauche, Ségolène Royal, en 2007, avant un passage au Conseil national du numérique où il rencontre Emmanuel Macron, avec qui il noue une amitié très solide. Il est le directeur de la campagne numérique gagnante du candidat inattendu. Une fois élu, le président ne l'oublie pas et lui offre le poste de ses rêves : le secrétariat d'État au Numérique.

Un soir de déplacement ministériel, le 18 mai 2018, Mounir Mahjoubi décide de tweeter cette phrase : « L'homophobie est un mal qui ronge la société, envahit les collèges et les lycées, contamine les familles et les amis perdus. Pire, elle hante les esprits des homosexuels et nous oblige, parfois, souvent, à nous adapter et mentir pour éviter la haine pour vivre #IDAHOBIT20183. » Avec ce *hashtag* qui célèbre la journée internationale de lutte contre l'homophobie le 17 mai, il mesure l'importance de son message. Depuis cette publication dont il n'avait parlé à quiconque, ni à sa famille, ni à son compagnon, il ne contrôle plus l'impact médiatique, son portable vibre et sonne toute la journée sans s'arrêter. « Quand je me rends compte que tout le monde en parle, je pense à une seule et unique personne : ma mère. C'est la seule proche qui est gênée avec ça, elle sait tout mais elle ne veut pas que tout le monde le sache. Je me dis tant pis, c'est bon, j'ai assez attendu, si, en tant que ministre, je ne peux pas faire ça, que faut-il attendre encore ? »

Des centaines de messages de soutien, quelques tweets homophobes venus plus tard, son *coming out* se passe sans encombre. Loin de le décourager et de le pousser à se cacher, Mounir Mahjoubi pose même dans *Paris Match* avec son mari en train de ranger leur bibliothèque commune. Le passage obligé pour un homme politique hétérosexuel s'est transformé en exercice moderne et inclusif dont il est aujourd'hui encore très content : « Je leur ai juste demandé de parler aussi de mon action en tant que ministre. Je ne voulais pas être le "ministre gay d'Internet", je voulais quand même qu'on mentionne mon action et pas juste mon orientation sexuelle, même si j'en suis très fier. Mickaël [son mari] et moi ressentions l'impact de cet article, si on a pu aider, on est ravis. »

Jusqu'au moment où il apprend qu'il fait la une des journaux télévisés marocains. La nouvelle de son homosexualité a traversé la Méditerranée. C'est la première fois qu'un ressortissant politique marocain annonce son homosexualité de manière officielle. Dans un pays où l'amour entre personnes de même sexe est sévèrement réprimé, l'annonce dans l'hebdomadaire *Paris Match* ne passe pas inaperçue, notamment pour la famille très conservatrice de Mounir Mahjoubi : « Je ne vois pas mon père depuis mes 16 ans, il ne savait rien de ma vie, ma famille au Maroc n'était pas au courant non plus. Sur 2M, la plus grande chaîne marocaine, dans le journal télévisé du 20 heures, on voyait ma tête et celle de mon compagnon, ça a été un choc pour eux. Des gens malintentionnés sont venus menacer et insulter ma grand-mère dans son village, mettre la pression sur ma famille, leur faire ressentir la honte. Mon oncle s'est battu pour prendre ma défense. Des proches ont appelé ma mère en France pour lui demander des comptes, comprendre pourquoi je leur avais fait ça. Mon père a même appelé ma mère pour lui dire que j'étais malade et qu'il fallait me soigner! »

La mère de Mounir Mahjoubi, résidant à Paris, très affectée et perturbée par les appels incessants de sa famille, part se réfugier loin du brouhaha médiatique pendant un mois. Revenue renforcée de cet épisode, elle dira même : « Au moins maintenant, tout le monde le sait, tu n'auras plus à le cacher. » Le jeune secrétaire d'État se sent instantanément libéré d'un poids.

Si c'était à refaire, il le referait sans hésitation et entretient toujours des relations avec le pays d'origine de ses parents. « Moi, je pense qu'il faut dire la vérité à ses électeurs et aux Français, et je sais la responsabilité que j'ai en tant qu'Arabe, gay, marié à un juif. Quoi que je fasse, je suis un symbole car je suis le seul dans ma situation politique, c'est important d'être un modèle pour les jeunes et ceux qui n'osent pas. » L'attitude courageuse de Mounir Mahjoubi depuis son entrée au gouvernement fut importante pour la cause et la visibilisation des LGBT. Dans les milieux populaires ou bourgeois conservateurs, faire son *coming out* peut provoquer la violence intrafamiliale. Mounir Mahjoubi est la preuve que l'on peut être gay, arabe, venant d'un milieu populaire, marié à un homme juif et être heureux et combatif.

Ce n'était pas le moment

Olivier Dussopt est, du haut de ses 45 ans, déjà un vieux loup de la politique. Élu à 29 ans député de l'Ardèche (il est alors le benjamin de l'Assemblée nationale), il fait ses armes au Parti socialiste à différents postes clefs. Proche de Martine Aubry et de Benoît Hamon, il est un député de confiance pour le gouvernement Ayrault et, en 2013, au moment de l'examen du projet de loi sur le mariage pour tous, il est en première ligne en sa qualité de rapporteur. Il ferraille avec la droite et les opposants au texte aux côtés de Christiane Taubira, pour qui il garde un immense respect et une profonde amitié : « On s'est croisés l'année dernière, on s'est embrassés, une accolade très sincère comme deux vieux combattants qui se rappellent les luttes acquises. » Il ajoute même un texte sur la PMA, alors que le gouvernement faisait preuve de beaucoup de précautions à ce sujet et que tout le monde ne la défendait pas au sein du PS : « On était une trentaine à l'époque à signer les amendements, on s'est fait balader par François Hollande à ce sujet, on a perdu du temps. Maintenant, c'est adopté, donc pas de regrets, mais je continue à penser que si on avait fait passer la PMA en même temps que le mariage, il ne se serait rien passé de plus et on aurait donné satisfaction à des milliers de Français. »

Alice Coffin est alors militante et journaliste et, avec d'autres, tente de convaincre Olivier Dussopt de faire son *coming out*, de porter la loi de 2013 en racontant sa propre histoire : « En 2013, je le contacte. Dans le milieu journalistique, on sait qu'il est gay, il ne se cache pas particulièrement. Je ne comprends donc pas pourquoi au moment du passage de la loi, il n'en parle pas ouvertement. Il avait peur de perdre sa circonscription en le médiatisant, je pense », confie la conseillère de Paris. Or, pour elle qui est arrivée à la politique par l'activisme sur les droits LGBT[1], les élus devraient révéler systématiquement leur orientation sexuelle. Cornaquée dans une rédaction où elle a vécu le

1. En tant que militante de La Barbe et cofondatrice de l'AJLGBT, l'Association des journalistes lesbiennes, gays, bi et trans, née pour contrecarrer les interventions médiatiques des anti-mariage pour tous.

mariage pour tous sans pouvoir le traiter comme elle l'aurait souhaité, elle porte un regard franc sur les politiques gays et leur identification : « Bien sûr que mon orientation sexuelle est politique et bien sûr que c'est essentiel de le porter et de le dire. Je sais que plein de gens s'en foutent, mais c'est notre rôle d'élus de faire que la familiarité de voir et côtoyer des élus gays participe à la banalité et donc à l'acceptation. » Elle était ainsi d'accord avec le *coming out* de Florian Philippot dans *Closer* : « Ce n'était pas du *outing* tel que “tiens, je balance ton nom”, c'était une information générale sur un homme politique français. *Closer* a voulu informer ses lecteurs du double discours du RN sur le sujet. Philippot était dans un parti homophobe alors qu'il était en couple avec un homme. »

Le 17 avril 2013, Olivier Dussopt monte au perchoir et défend le texte de loi avec un discours qui marquera un grand nombre de députés dans l'hémicycle. Il commence par rappeler la difficulté pour de nombreux jeunes à s'épanouir dans leur famille et dans leur vie tant que cette loi ne sera pas votée. Cette génération a vu à la télévision des millions de personnes dans les rues contre eux : « J'avais souligné les difficultés que rencontrent aujourd'hui encore des adolescents qui découvrent leur homosexualité, des adolescents blessés par la haine de certains propos – encore aujourd'hui – et parfois plus encore par la réaction de leurs proches. Ces jeunes confrontés à des regards interrogateurs, aux insultes, et parfois aussi au rejet de leurs propres parents », me confie-t-il. À ce moment, le futur ministre du Travail pense certainement à lui, à son vécu dans son village ardéchois qu'il n'a jamais tout à fait quitté. Puis il enchaîne, sous les bruits de fond de la droite qui tente de l'impressionner, il parle de la PMA et de la GPA, deux mots absents dans le projet de loi final. Il interpelle les députés qui ne vont pas voter pour cette loi en leur disant qu'ils ne font pas honneur à la devise républicaine.

Enfin, Olivier Dussopt, visiblement très ému par son propre texte, cite Les Ogres de Barback, ce groupe militant multi-instrumentiste qui n'a pas hésité pendant la campagne de 2007 à encourager les Français à aller voter contre Nicolas Sarkozy par exemple. Dans la chanson choisie, il est question de Jérôme, un homme qui n'a pour seul rêve que celui de fonder une famille : « Cette chanson parle aussi des rêves de Jérôme, et de son projet de vie, et celui qui la chante en s'adressant à lui dit qu'ils prendront [ensemble] un chemin loin de tous ceux qui cultivent la haine, [qu']ils arriveront dans un univers incroyable qui ne sera troublé que par une chose : les rires de tous les parents et de tous les enfants et qu'eux aussi pourront construire leur famille. » Applaudissements dans l'hémicycle, le rapporteur retourne s'asseoir et la droite continue à s'opposer comme si de rien n'était au projet de loi.

Pourquoi ne pas avoir révélé à ce moment-là que c'était sa vie qui était aussi débattue ? « On n'est pas tous prêts au même moment à le faire. En 2013, je n'étais pas là où j'en suis dans ma vie actuellement. De même, on n'est pas obligé de dire pour faire, j'ai toujours pensé qu'il y avait une sorte d'injustice collective à attendre que chaque politique homosexuel le dise. J'ai toujours été réfractaire aussi au vocabulaire employé : on avoue les crimes, pas son homosexualité, la sémantique est importante. Voilà, je n'étais pas prêt publiquement à le dire au moment où je défendais ce projet de loi, on n'a pas besoin de brandir un drapeau pour défendre une cause. C'est trop facile, une fois qu'on est sorti du placard, de donner des leçons à ceux qui sont encore dedans », explique Olivier Dussopt.

Dix ans après, changement d'ambiance : il est désormais un ministre du Travail médiatique, écurie Renaissance, transfuge comme ces socialistes qui ont préféré quitter la gauche pour un destin national après le quinquennat Hollande. Il est choisi par Emmanuel Macron pour porter l'une des réformes les plus impopulaires du début du deuxième quinquennat[1] : la réforme des retraites. Plusieurs mois d'incidents législatifs à l'Assemblée nationale, des opposants qui le comparent à un assassin, des millions de manifestants à Paris, des déplacements au son des casseroles et slogans de Français révoltés. Olivier Dussopt, tout étourdi, sort petit à petit de cet épisode avec une forte impopularité (seulement 28 % des Français sondés en octobre 2023 ont une bonne image du ministre[2]) et peu d'espace pour se rendre sympathique.

À ce moment-là, la rédaction de *Têtu* entre en contact avec lui pour organiser une grande interview sur la réforme des retraites. « On avait envie de montrer au ministre l'impact du projet de loi qu'il défendait sur la communauté LGBT. Après, on savait aussi que le ministre n'avait pas fait de

1. Près de 7 Français sur 10 disent être toujours opposés à la réforme des retraites pourtant promulguée. 45 % des sondés souhaitent un durcissement du mouvement. Sondage ELABE/BFM TV, avril 2023.
2. IFOP/Fiducial, « Le tableau de bord des personnalités Paris Match/Sud Radio », 11 oct. 2023, https://www.ifop.com/publication/le-tableau-de-bord-des-personnalites-paris-match-sud-radio-ifop-fiducial-13.

coming out et qu'il acceptait en connaissance de cause. Chez *Têtu*, on ne fait pas la chasse à ce genre de dévoilement, mais on accueille toutes les voix. Ce n'était pas prémédité, comme tout le monde le pense encore aujourd'hui », confie le journaliste politique Nicolas Scheffer, en charge de cette rencontre. Olivier Dussopt n'est jamais vraiment revenu sur cet épisode post-*Têtu*, j'ai donc voulu en savoir plus sur ses intentions à l'époque. On le sent remonté lorsqu'on évoque les reproches que certains ont pu lui faire, lui y voit même une pointe de conservatisme : « C'est assez réducteur, assez conservateur et assez méprisant de leur part de penser que le magazine *Têtu* "n'est pas assez politique" et qu'il ne devrait s'intéresser qu'à des questions sur la communauté LGBT et non à la politique en général. Si on est convaincu que l'orientation sexuelle ne pose plus de problème, on ne devrait même pas pouvoir me reprocher cela. Ceux qui me critiquent sont souvent les mêmes qui font de leur orientation sexuelle un combat politique, cela n'est pas mon cas. J'aurais fait de la politique même si j'avais été hétéro. »

Dans l'interview, on retrouve principalement des interrogations légitimes sur l'impact du projet de réforme des retraites sur les personnes LGBT ou séropositives ou encore le recours multiple au 49-3.

La question du timing de la part d'Olivier Dussopt lui est aussi adressée[1]. À gauche, on soutient son *coming out*, mais on ne peut s'empêcher de questionner le calendrier choisi, on parle même de diversion politique – Jean-Luc Mélenchon, candidat malheureux de la présidentielle de 2022, affiche son incompréhension : « Dussopt vient dire qu'il est homosexuel, tout le monde s'en fout[2]. » Pour le journal, la responsabilité des autres médias entre en ligne de compte, tant ils ont été nombreux à reprendre ce court passage.

L'objectif premier de l'article de *Têtu* était de confronter le manque de lisibilité et d'information pour les personnes LGBT et les graves retombées engendrées par la réforme des retraites : « Ce n'était pas une interview complaisante, [la rédaction de *Têtu*] partait du postulat que la réforme était nuisible pour les LGBT. J'ai dû m'expliquer. Et, oui, effectivement, dix ans après, j'ai grandi, j'ai mûri et je suis fin prêt à parler de ma vie privée, je savais que la question me serait posée et je ne l'ai pas esquivée. Voilà, c'est tout, et le reste, je m'en fous, je laisse les malades de méchanceté méditer

1. Nicolas Scheffer, « Olivier Dussopt : "Nous aurons peut-être à utiliser le 49.3" », *Têtu*, 24 mars 2023.
2. *Dimanche en politique* avec Jean-Luc Mélenchon, France 3, 2 avril 2023.

sur leurs propos. » Si son orientation sexuelle a fait grand bruit, le ministre s'est aussi prononcé sur la GPA en expliquant qu'il souhaitait porter ce combat a contrario de l'ensemble du gouvernement, excepté son collègue Clément Beaune, homosexuel également.

De l'importance de le dire soi-même

Certaines personnalités LGBT n'osent à l'inverse pas revenir sur leur *coming out* ou leurs relations. Ce fut le cas de Gabriel Attal et Stéphane Séjourné qui ne sont jamais apparus officiellement ensemble, laissant certains articles dépeindre leur union sans répondre[1].

Sarah El Haïry a quant à elle choisi son moment. Dans une interview donnée à *Forbes*, dans un premier temps, elle évoque très rapidement l'impact des insultes et de la médiatisation sur sa compagne : « J'essaie de ne pas lire car je sais que Twitter n'est pas la vraie vie. Mais quand ma famille ou ma compagne sont touchées, oui, ça me fait de la peine. Mais j'ai fait ce choix de l'action publique. » Sollicitée à plusieurs reprises, elle a d'abord accepté

1. Grégoire Biseau, « Stéphane Séjourné et Gabriel Attal, un couple au cœur du pouvoir », *Le Monde*, 31 oct. 2021.

de répondre à mes questions – ce qui lui aurait permis de clarifier son propos –, mais, à quelques jours du rendez-vous, elle change d'avis : elle ne souhaite pas donner suite, elle ne le « sen[t] pas » et s'en excuse sincèrement. Quelques mois plus tard, le 8 octobre 2023, elle accorde une interview à *La Tribune dimanche*, pour le premier numéro de ce nouveau rendez-vous dominical médiatique. Elle y annonce avoir réussi une PMA avec sa compagne et être enceinte. Une photo d'elle, le ventre rond et le titre de première ministre lesbienne enceinte de la Ve République[1]. Tout un symbole et aussi l'occasion encore une fois de maîtriser sa communication, en anticipant ce que pourraient en dire médias ou adversaires politiques.

À la lumière de cette visibilité accrue, le sociologue Jean-Yves Le Talec suggère qu'un combat resterait à mener pour les nouvelles générations d'élus : élargir leur audience. « Entre nature et culture, les politiques français proposent une image dans bien des cas désincarnée, désexualisée et privatisée de l'homosexualité. La nouvelle génération engagée en politique dans les groupes *ad hoc* associés aux partis politiques n'a pas encore

1. Voir chapitre 5 « Femme lesbienne en politique, la double peine ».

pleinement accès aux médias grand public. Il lui appartient de faire évoluer cette image vers une représentation plus conforme au vécu de leurs concitoyen-ne-s[1]. » Quel que soit leur choix, publicité ou non de leur orientation sexuelle, les personnalités politiques gays sont exposées d'une façon singulière au jugement des autres, plus durement que les hétérosexuels.

La ligne de Nicolas Scheffer de *Têtu* consiste à défendre les LGBT et à faire progresser la tolérance dans la société, même une fois le *coming out* annoncé. Ce dernier ne peut pas être considéré comme le seul critère pour mesurer l'homophobie – car ne pas faire son *coming out* serait le seul signal de l'homophobie d'un territoire. Le journaliste reproche aux politiques de systématiquement refuser de se présenter en militants comme une façon de se dédouaner : « Ceux qui crient qu'ils sont *out* et qui, tout de suite après, disent que ce n'est pas un sujet, c'est très agaçant. Le côté : "Je ne veux pas en faire un sujet politique quand ça ne m'arrange pas, c'est-à-dire, en fait, quand je dois prendre un risque (une question au gouvernement, un déplacement dans un pays homophobe ou la condamnation de propos homophobes au sein du

1. « Sortir des placards de la République... », art. cité.

gouvernement).” On n’est pas LGBT quand ça nous arrange, et encore moins quand on a des fonctions politiques. » Par la relation de proximité que les élus peuvent avoir avec leurs administrés, ils peuvent d’autant plus pousser les sujets liés à l’orientation sexuelle.

Chapitre 3

Gay et élu d'une petite ville

« Ce samedi 3 septembre 2022 à 14 h 30, le maire Bruno Toussaint, secondé de ses adjoints Jean-Marie Vonderscher et Dominique Chobaut, a célébré le mariage d'Olivier Couderc et de David Valence. Les époux se sont dit "oui" devant une multitude d'invités. Olivier Couderc est attaché de presse et David Valence est professeur agrégé, député et ancien maire de la ville. Les époux sont domiciliés à Saint-Dié-des-Vosges. Nos meilleurs vœux de bonheur. »

Qui aurait pu imaginer que l'ancien maire de Saint-Dié-des-Vosges, actuel député d'une circonscription au cœur du Grand Est, aurait lui aussi un jour sa photo et son petit papier racontant son mariage dans *Vosges Matin* ? Il est de tradition, dans certains titres de la presse quotidienne locale, d'informer chaque week-end les lecteurs des unions du coin. Depuis 2013, les couples de même sexe demandent souvent expressément aux journaux de ne pas publier de photos de leurs unions car soit leurs proches ne sont pas au courant, soit ils ne sont pas prêts à ce que toute la ville le sache. Ce n'est pas le cas ce week-end-là, et pour cause.

L'homosexualité au cœur d'une campagne municipale vosgienne

David Valence a grandi à Docelles, petit village niché autour de la Vologne. Ses parents sont dans le bois, l'or local. Une enfance et une adolescence heureuses avec des proches aimants et qui l'ont toujours soutenu, un père et un arrière-grand-père élus locaux. Alors, rien de plus normal pour lui que de se marier dans la mairie qui l'a vu évoluer et faire ses premiers pas en politique. « On assume, on y va, je suis allé au bout du chemin », c'est le mantra du jeune député. David Valence est un grand bonhomme solide, crâne rasé à moitié, à la carrure impressionnante, le regard profond et la poignée de main solide, on l'imagine ne pas être embêté dans la cour de récré, ne pas se laisser faire.

Leurs parents, les proches, les amis, des élus locaux mais surtout beaucoup de curieux sont venus assister à l'union de David et d'Olivier : « Je ne m'attendais pas à croiser certaines personnes, mon mariage était l'événement à ne pas rater. Je savais que je devais inviter beaucoup de monde compte tenu de ma forte présence locale. La salle des mariages de la mairie peut contenir 250 personnes, je n'en avais pas invité autant et, pourtant, c'était plein. Depuis, les regards ont changé sur mon mari : il a accédé à une forme de dignité sociale. On ne fait plus semblant de croire que c'est mon collaborateur. »

Olivier Couderc, le marié, est tristement connu pour avoir été victime d'une immonde attaque homophobe avec son compagnon de l'époque en pleine période de débat sur le mariage pour tous. L'agression a eu lieu dans la nuit, dans le XIXe arrondissement de Paris, les deux anciens amants venaient de quitter une soirée entre amis et regagnaient leur domicile à pied. Alors qu'ils se tiennent par le bras, ils entendent crier : « Ah ! Des homosexuels ! » Immédiatement après, piégés par plusieurs hommes, ils reçoivent un flot de coups de poing et de coups de pied. Fractures crâniennes, dent arrachée, trou à la lèvre inférieure, perte de conscience, la violence est glaçante. Mais, bien décidés à ne pas abandonner, les deux compagnons médiatisent l'affaire en postant leurs visages tuméfiés sur Facebook ; ils montrent à la face du monde que l'on risque sa vie quand on est gay, alors que les dérapages homophobes à l'Assemblée se succèdent et que les violences homophobes augmentent de 78 % par rapport à l'année précédente, avec une agression physique recensée tous les deux jours[1]. David Valence est admiratif : « J'ai tendance à dire que c'est moi le mari d'Olivier, quand on connaît son histoire. »

C'est malgré ce contexte que David Valence décide de se lancer en politique. Après quelques années passées à Paris, il mène sa première campagne électorale dans sa région, au sein du Parti radical (centre droit) : « En commençant, je ne savais pas si les gens étaient au courant de mon homosexualité. J'avais été militant avant les débats et mes proches le savaient, j'avais signé des tribunes, mais je n'avais aucune idée de ce que mes électeurs pouvaient savoir. » C'est donc plutôt serein que David Valence, l'enfant « du coin », annonce officiellement, à 32 ans, qu'il souhaite ravir la mairie de Saint-Dié-des-Vosges, aux mains de la gauche depuis plusieurs années.

Quelques jours suffisent pour que les milieux conservateurs, présents dans la circonscription, ciblent certaines boîtes aux lettres et les remplissent de tracts

1. SOS Homophobie, rapport de 2013.

et autres coupures de presse relatant l'homosexualité du politique. Des tracts homophobes pour dissuader les Déodatiens[1] de choisir « le péché » : « Vous ne pouvez pas choisir de voter pour quelqu'un comme ça », peut-on lire sur certains dépliants. David Valence avait choisi de ne pas communiquer sur sa sexualité pendant la campagne, le voilà devant le fait accompli : faut-il céder à l'influence des religieux et de réactionnaires et cacher le moindre renseignement, ou le dire et risquer d'en faire un sujet tout au long de sa campagne ? Les tracts continuent à circuler, David Valence ne se dérobe pas et raconte son homosexualité chaque fois qu'on lui pose la question.

La période n'est pas simple pour lui, il se souvient d'un soir où, comme dans toute campagne, on part à la rencontre des habitants, on discute avec des religieux, des sportifs, de jeunes parents, des seniors. On va au contact, on serre des mains. Ce soir-là, c'est à l'invitation d'une association de femmes musulmanes qu'il répond. « Je suis resté de 20 heures à presque minuit, j'avais mal commencé la discussion et souvent quand on commence mal, il faut rester plus longtemps pour rattraper. » Tous les sujets sont mis sur la table : l'attractivité de la ville, le chômage, l'éducation, les services publics, le racisme dont les

1. Gentilé pour les habitants de Saint-Dié-des-Vosges.

femmes musulmanes sont victimes. David Valence répond à tout, propose des solutions en lien avec son programme centriste, respecte les considérations religieuses, montre qu'il connaît bien la ville. « Et puis le débat s'achève, en général c'est le moment où les participants te disent qu'ils sont convaincus et qu'ils vont voter pour toi. Une femme du groupe s'approche et elle m'avoue pourtant : “Vous êtes super, monsieur Valence, mais je ne peux pas voter pour vous, car vous êtes homosexuel.” » Une gifle pour le candidat, qui se retrouve encore une fois pointé du doigt au nom d'une certaine interprétation de la religion. Notre sondage IFOP/Fayard confirme que l'appartenance religieuse est toujours un facteur de conservatisme : 54 % des musulmans et 33 % des protestants parmi les personnes sondées trouvent que l'élection d'un président de la République homosexuel serait choquante. À l'époque du mariage pour tous, de nombreuses voix de toutes les religions s'étaient manifestées au côté des anti.

Ces difficultés n'empêchent pas David Valence de remporter l'élection municipale avec 48 % des voix dans le cadre d'une triangulaire. Il est même réélu maire de Saint-Dié-des-Vosges en 2020, avec plus de 70 % des suffrages. Certains électeurs réfractaires ont sans doute été séduits par la compétence de ce jeune élu.

David Valence trouve plus de sens à la politique dans cet ancrage territorial : « Je ne m'imaginais pas faire de la politique à Paris, on ne sait pas vraiment qui fait quoi, qui habite où, on a l'impression de semer dans le fleuve. » Mais la proximité a ses caractéristiques propres : alors qu'il est célibataire au moment de son élection, certains de ses administrés imaginent les histoires les plus rocambolesques. « Une fois, je marchais dans la rue seul, et j'aperçois deux dames en train de discuter. Elles ne me reconnaissent pas – ce qui est assez rare quand on est le maire de la ville –, elles ont l'air de parler de moi, donc je m'approche. Je les entends se raconter mon supposé mariage à Paris, loin de ma ville, comme si c'était caché, avec un homme beaucoup plus vieux que moi qui existe et que je n'ai jamais rencontré mais qui a le point commun d'être gay. C'était un notable de la région ! Elles avaient toutes les informations : le lieu, le nombre d'invités. C'était lunaire ! » De manière polie, il poursuit sa route, il se rend compte en arrivant à la mairie qu'il a déjà reçu quelques bouquets fleuris de félicitations pour son union. Le bouche-à-oreille est allé trop vite.

Saint-Dié n'est pas la ville la plus *gay friendly*, pas d'association LGBT, très peu de couples qui s'embrassent dans les rues : « Pour la première fois, il y a une semaine, j'ai vu un couple de femmes dans la rue, en dix ans de mandat. Ici, ce n'est pas aussi simple qu'à Lyon, Marseille ou Bordeaux, il faut parfois y aller de façon franche et directe. » Quand on est maire gay d'une petite ville, on devient le confident, l'oreille attentive de toutes les familles qui se posent des questions sur leurs enfants homosexuels. On devient le gardien des secrets des étudiants ou des étudiantes qui n'osent pas encore le dire, mais aussi le réconfort et le protecteur de certaines personnes agressées en raison de leur sexualité. On célèbre également les mariages homosexuels, car les mariés savent qu'ils seront bien reçus. On pallie l'absence d'associations ou de centres communautaires. On est un peu l'ambassadeur LGBT du coin. « J'ai toujours trouvé ça plus émouvant quand ça venait des parents ou des grands-parents plutôt que des enfants », explique David Valence visiblement très touché d'endosser ce rôle.

Sa vie prend un tournant personnel lorsqu'il rencontre Olivier, aujourd'hui son mari. Olivier vit à Paris et travaille dans la culture, David, lui, n'est pas un parachuté et participe activement à la vie locale de sa ville, un territoire plutôt conservateur sur les sujets sociétaux. Tous les week-ends, Olivier prend le train à la gare de l'Est pour le rejoindre et les deux hommes participent à tous les événements locaux auxquels ils sont invités : thé dansant,

Salon du livre, assemblées générales d'associations patriotiques, messes. « Les gens s'adapteront si ça les gêne, moi je fais juste mon travail d'élu, j'ai toujours eu l'intime conviction que l'on peut ne pas ressembler à tout le monde et représenter tout le monde. J'emmène mon mari partout et c'est comme ça. »

Les statistiques sur l'orientation sexuelle des élus n'existent pas, on sait que certains édiles de petites villes et de villes moyennes ont toujours vécu leur amour au grand jour à l'instar de Gil Avérous à Châteauroux ou de Mathieu Klein à Nancy.

« En 2013, j'étais contre le mariage pour tous »

En Indre-et-Loire, le maire de droite Gil Avérous prône lui une action plus discrète, pour ne pas brusquer les administrés : « Je ne suis pas un militant au sens où je vais porter un étendard et aller dans des manifestations. Effectivement, je suis très attentif à ces situations-là. En revanche, quand le militantisme est exagéré, exacerbé, il dessert. Il faut faire attention, surtout quand on est élu local, à rester à l'équilibre. On doit se faire accepter naturellement, ne pas forcer les gens. Mon compagnon, par exemple, reste en retrait de ma vie d'élu, on va se marier prochainement dans ma mairie en public, mais c'est tout. » L'édile revient de loin : en 2013, il était contre le mariage pour tous. Désormais, il célèbre des mariages de personnes de même sexe. « J'étais pour le contrat d'union civile qu'avait proposé Nicolas Sarkozy. J'étais persuadé que le mariage créerait des tensions dans la société française. Maintenant, les choses sont faites, et bien faites. Pas question de le remettre en cause et dès le premier jour, j'ai célébré des mariages sans aucune hésitation. »

Le maire de la ville de Michel Denisot ou Gérard Depardieu, plus connu pour son football ou ses usines, pense que « les élections locales sont les moins regardantes sur ces sujets, les administrés veulent juste un élu qui bosse et qui les traite bien. Si vous êtes gay et méprisant, on se servira de votre orientation sexuelle contre vous ».

Ces élus locaux de moyennes et de petites villes font face à des problématiques spécifiques aux territoires qu'ils administrent, qui ne sont ni les plus ouverts ni les plus multiculturels. Pourtant, à leur manière et à force de pédagogie, ils réussissent à exister et à incarner une fenêtre vers la visibilité. « Il y a peu de militants LGBT dans nos petites villes, pas de marche des fiertés ou de centre d'accueil LGBT, on sait qu'on reste la seule figure connue pour les jeunes qui grandissent ici et qui comptent rester, donc on se doit d'en parler davantage », conclut Gil Avérous.

En dehors des radars médiatiques, ces personnages politiques sont des symboles de proximité dont ont besoin leurs concitoyens. Le pouvoir dans notre pays étant très centralisé, il faut comprendre que seules les très grandes villes comme Paris, Lyon ou Marseille bénéficient de moyens et d'élus pour proposer une feuille de route politique LGBT. Il sera plus simple et plus rapide pour un Parisien de trouver du soutien et de la protection près de chez lui que pour un habitant de Saint-Dié-des-Vosges. Les plus petites villes doivent se contenter très souvent d'une enveloppe nationale de subventions encore trop inégalement réparties. Pourtant des militants tentent de faire vivre, avec le soutien de certains politiques courageux, des mobilisations : au Havre, à Carcassonne, à Compiègne... de nombreuses villes ont organisé ces deux dernières années leur première marche des fiertés. Selon le site pride.fr, qui recense l'essentiel des cortèges depuis 2015, en 2022 il y a eu 73 initiatives, une progression par rapport aux 42 marches recensées en 2021 et aux 33 en 2019. De plus en plus de petites et moyennes communes se joignent ainsi au mouvement, afin d'incarner une présence rassurante pour les jeunes générations à travers l'occupation de l'espace public.

Chapitre 4

Un homosexuel au sommet de l'OTAN

Un petit pays qui attire l'attention

Le Luxembourg est, en 2015, le onzième pays européen à avoir adopté le mariage pour tous. Pourtant, ses habitants n'ont pas attendu la loi pour élire comme Premier ministre Xavier Bettel, homme politique social-démocrate ouvertement gay[1]. Ce pays de 660 000 habitants de tradition catholique a alors eu pour représentants diplomatiques un couple d'hommes et le monde entier a pu les voir ensemble. Le « premier monsieur » (le titre n'existe pas), Gauthier Destenay, est architecte, éloigné de la politique, mais il jouit d'une célébrité très importante dans son pays depuis son union.

1. Il restera à la tête du pays jusqu'en novembre 2023.

« En français, c'est plus compliqué, la langue n'a pas encore inventé de terme pour un couple de même sexe au pouvoir », observe-t-il. Seul homme homosexuel à la table des conjoints au sommet de l'OTAN, en visite au musée avec notre « première dame » Brigitte Macron ou dans l'avion national, Gauthier Destenay a su créer une nouvelle fonction : le mari du Premier ministre.

« Mon mari Gauthier était pour le mariage, moi je n'y avais jamais vraiment pensé. Il a demandé ma main en 2015 car nous ne pouvions pas nous marier avant au Luxembourg, il m'avait fait une petite clef USB où il y avait la chanson "*I wanna marry you*". J'ai évidemment pleuré à chaudes larmes. » À ce moment-là, Xavier Bettel ne mesure pas l'effet de sa décision pour l'Histoire : il est le premier à renverser l'éternel scénario d'un chef d'État et sa première dame. Son mariage est célébré en grande pompe avec deux cents personnes présentes devant l'hôtel de ville. Les mariés, à la fin de la cérémonie, sont même revenus sur le perron pour saluer la foule à plusieurs reprises, ils ont eu droit à un lancer de riz sous l'œil des caméras et photographes, et à de longs applaudissements. Stéphane Bern, animateur gay chouchou des Français, connu pour ses émissions historiques et invité de tous les mariages royaux et princiers de la dernière décennie, était de la partie. Le mariage touche même profondément le couple présidentiel Obama qui prend la plume pour expliquer aux Luxembourgeois dans un long courrier à quel point ils sont des exemples pour tous les homosexuels du monde, des « *role models*[1] » pour tous les LGBT qui rêvent de politique et qui veulent se marier. Ce concept tant chéri des Nord-Américains, Xavier Bettel n'y est pas forcément attaché : « J'ai été très ému par le courrier de Barack et Michelle, mais je suis politique et gay, je n'ai jamais voulu être le Premier ministre gay. C'est très à l'américaine de vouloir mettre de grandes portées symboliques sur des actions [ordinaires]. »

Le Premier ministre luxembourgeois enchaîne alors les voyages officiels aux quatre coins du monde. Son conjoint l'accompagne autant qu'il peut, auréolé de sa position officielle. Dès 2015, on les voit partout ensemble et pourtant, c'est seulement en mai 2017 qu'une photo fait le *buzz*. Nous sommes à Bruxelles, dans le cadre du 29e sommet de l'OTAN, réunion sous tension puisqu'elle est aussi le premier grand raout du nouveau président américain Donald Trump – lequel a qualifié l'OTAN

1. Anglicisme couramment employé dans les cercles progressistes qui désigne une personne exemplaire par son parcours, son œuvre ou ses valeurs.

d'« obsolète » pendant toute sa campagne à coups d'« *America first* ». C'est aussi la première rencontre au sommet pour les dirigeants de trois des pays les plus importants au sein de l'Alliance : outre Donald Trump, la Première ministre britannique Theresa May et le président français Emmanuel Macron.

Xavier Bettel représente un des vingt-huit pays membres de l'OTAN, il vient donc naturellement avec son époux, comme tous les autres chefs d'État. Traditionnellement, les « premières dames » profitent du pays d'accueil pendant que leurs maris « sauvent le monde » : visites culturelles, bénévolat, rencontres avec les acteurs de la mode, l'emploi du temps est plus libre. Ce soir-là, les conjointes des chefs d'État prennent la pose à l'occasion du dîner organisé par la reine Mathilde au château de Laeken, à Bruxelles. Installées devant un large escalier, on retrouve Brigitte Macron toute de noir vêtue, Melania Trump au premier rang en fourreau qui laisse apparaître ses épaules ou encore Emine Erdoğan en costume et voile assortis. Et, pour la première fois, au second rang, figure un homme homosexuel en costume chic.

Toute la journée, Gauthier Destenay a visité la ville avec ses compagnes : musée Magritte, boutique de la marque Delvaux, l'une des plus anciennes marques de maroquinerie au monde et dégustations de chocolats. Mais son apparition sur la photo soulève des questionnements : il n'existe pas de titre précis pour lui. « Premier gentleman », « premier homme » ? Aucun pays ne s'est penché sur la question et la présence médiatique des époux Bettel-Destenay va pousser le débat dans le monde diplomatique. « Je rêve du jour où la photo de mon mari entouré de toutes les femmes de présidents ne fera plus parler, là on aura avancé. Le but, c'était qu'il y ait une réunion de l'OTAN, c'est l'essentiel. Moi, j'aspire à la normalité. » Quand on demande à Brigitte Macron qui est sa *First Lady* préférée, elle répond « Gauthier Destenay[1] ». La femme du président Macron, comme Michelle Obama et d'autres politiques de tout bord, est très proche de son homologue luxembourgeois, ils échangent régulièrement. « Quand je rentre du travail le soir et que je le cherche, je vois qu'il est au loin, au téléphone, une trentaine de minutes passent, il revient et me dit : “Ah, c'était Brigitte, on a bien ri, on a encore parlé de tout et de rien !” », raconte Xavier Bettel imitant son mari tout sourire.

Le meilleur accès des femmes à la politique permet aussi une plus grande mixité dans les voyages officiels. Depuis une vingtaine d'années, différentes

1. *Paris Match*, mars 2018.

présidentes ou Premières ministres ont pris la tête de pays puissants et membres de l'OTAN comme Angela Merkel en Allemagne (2005-2021), Theresa May au Royaume-Uni (2016-2019), la vice-présidente des États-Unis Kamala Harris… Elles sont donc accompagnées de leurs conjoints masculins. Pour Gauthier Destenay, cela aide à une meilleure visibilité dans le monde : « Le fait que les femmes soient élues engendre plus d'hommes dans les voyages officiels et donc une meilleure mixité de ces fonctions avec des codes très à l'ancienne. On avance, et les moments que l'on passe sont de moins en moins féminins, comme la tradition poussiéreuse peut l'entendre. On se met à parler d'actualité comme la guerre en Ukraine récemment et moins de pâtisseries ou autres choses connotées », sourit-il.

Gauthier Destenay était très à l'aise dans son rôle de mari du Premier ministre. Il se rappelle qu'au début des premiers séjours à l'étranger le protocole américain avait omis de le faire figurer lors d'une photo avec les épouses des présidents invités à la Maison-Blanche : « Je n'étais pas vexé, je l'avais remarqué, mais je me disais que ce n'était pas si grave. Sur les réseaux sociaux en revanche, des Américains l'ont remarqué et j'ai compris l'importance que cela représentait pour certaines personnes, cet oubli. » Au bout de quelques jours, sous la pression des réseaux sociaux, son nom sera ajouté. Quelques mois après, quand il recroise les services du protocole américain lors d'une cérémonie à Paris, ils se confondent en excuses. Sans la mobilisation des internautes, nous n'aurions jamais entendu parler de cet impair.

Des milliers d'articles et huit ans de mariage plus tard, l'ex-Premier ministre luxembourgeois pense que si cela marche pour lui, c'est parce qu'il n'a jamais caché son homosexualité à ses compatriotes et qu'il en parle ouvertement dès qu'il le peut : « J'aurais pu le cacher, ou le refouler et être malheureux toute ma vie. J'aurais pu avoir une relation avec une femme et avoir des relations homosexuelles en cachette. Mais je me suis dit : si tu veux faire de la politique et être honnête en politique, tu dois être honnête avec toi-même et donc t'accepter toi-même. »

En novembre 2023, sa coalition perd les élections, mais Xavier Bettel est nommé Vice-Premier ministre et continue à être, avec son mari, un symbole d'inclusion et d'ouverture.

Concernant les femmes lesbiennes et leurs compagnes, tout comme au sein des partis politiques français[1], la visibilisation est très lente ; le

1. Voir chapitre 5 « Femme lesbienne en politique : la double peine ».

dernier exemple connu se trouve en Serbie, avec la présidente du gouvernement Ana Brnabić qui est la première femme et la première lesbienne à occuper cette fonction. Elle en fait un affichage plus discret que le Luxembourgeois Xavier Bettel et a même dû en 2022 renoncer à l'Europride, provoquant la colère des activistes LGBT du pays ne comprenant pas son positionnement ambigu – elle avait participé à la marche en 2017. Sous la pression de l'extrême droite et des religieux traditionalistes, qui défilaient dans le pays pour réclamer l'interdiction de ce grand rassemblement, la présidente a préféré reculer et annuler la grande marche européenne des fiertés pour des raisons de sécurité. Elle a tenté de se défendre en précisant sous les huées : « C'est moi qui ai repoussé les limites. Je suis la seule personne dans ce pays qui soit discriminée par la communauté LGBT, alors que je suis la première politicienne de Serbie à n'avoir pas peur ni honte d'être ouvertement homosexuelle[1].» Ana Brnabić vit dans la tétanie totale face au conservatisme du pays qu'elle dirige : la Serbie interdit le mariage homosexuel et l'adoption par les couples de même sexe, alors que la cheffe d'État est elle-même mère

1. Discours d'Ana Brnabić, Conférence internationale pour les droits humains, Belgrade, 13 sept. 2023.

depuis 2019 d'un jeune garçon, à la suite d'une PMA avec sa compagne. Selon la loi serbe, Ana Brnabić n'a pas le droit d'exister sur le livret de famille ni d'exercer un quelconque droit sur son petit Igor.

Depuis son élection, elle n'a jamais proposé ou poussé de projets de loi pour la communauté LGBT de ce pays de 7 millions d'habitants. Preuve que certaines nominations peuvent rester au stade de symbole et anéantir les espoirs des concernés. Être une personne politique LGBT n'équivaut pas à militer pour la communauté. Xavier Bettel et Ana Brnabić ont tous les deux fait le choix de parler de leur homosexualité, mais seul l'ancien chef d'État luxembourgeois l'a porté au quotidien, comme dans son point presse à Bruxelles en avril 2023 : « On [les LGBT] ne demande pas de pitié, on ne demande pas de solidarité, on ne demande pas de la compassion, on demande juste du respect. »

À l'étranger, la confrontation avec l'intolérance

Le Luxembourg, par sa richesse, dispose d'une certaine influence sur la scène internationale. Son Premier ministre a ses entrées partout, d'Astana à Dakar en passant par Mumbai. Et pourtant, me confie Xavier Bettel, « il y a certains pays où mon mari n'est pas le bienvenu, il y a des chances pour que je n'y aille jamais. Pourquoi ce serait normal qu'un couple hétéro puisse être reçu en grande pompe partout et pas nous ? » En 2023, soixante-neuf États dans le monde répriment l'homosexualité. La loi y prévoit des sanctions, les juges y prononcent des peines à l'encontre des gays et lesbiennes. Dans onze pays, les relations homosexuelles sont passibles de la peine de mort. Xavier Bettel avait ces chiffres en tête lors de chacun de ses déplacements dans des pays concernés, qui, échanges économiques et diplomatiques obligent, restent incontournables sur la scène internationale.

Lorsqu'il se retrouve au sommet UE-Ligue des États arabes, il ne prévoit pas de tenir un discours autour de la question des droits des homosexuels : « À Charm el-Cheikh sont rassemblés autour de moi les représentants de plus d'une vingtaine de pays qui criminalisent les personnes LGBT, voire pire, appellent à leur mort. Il s'avère que le président al-Sissi parlait juste avant moi. Dans son discours, il enjoint à tous les pays présents autour de la table de respecter davantage les musulmans dans le monde, de prendre soin d'eux et de ne pas les pointer du doigt comme des compatriotes à part. Je me lève lorsque vient mon tour, et je me dis que je ne peux pas manquer l'occasion de faire un parallèle avec moi et les personnes gays. Donc je commence par dire : "Cher président al-Sissi, je suis complètement d'accord avec vous pour nos compatriotes musulmans en Europe, mais nous avons aussi besoin de plus de tolérance pour les personnes gays dans les pays arabes." » Le ton surprend, mais Xavier Bettel est lancé et ne peut plus reculer, il sait qu'il a ouvert une brèche pour poser le sujet sur la table. C'est la première fois qu'un dirigeant prend ainsi la parole dans ce type d'assemblée. Cela crée aussi un précédent, tant il est unique pour ce sommet qu'un Premier ministre ouvertement gay parle de sa vie personnelle et fasse le lien avec les décisions politiques des personnes en face de lui : « J'enchaîne en les regardant tous, en balayant la salle du regard et en précisant : "Je pense que dans la plupart des pays représentés autour de la table, je n'aurais pas le droit de vivre, je serais condamné à mort car j'aime les hommes." C'est sorti comme ça, et pas par militantisme, mais parce qu'on abordait là des questions d'égalité et que ça m'a touché. »

Le sommet se termine sans encombre pour lui, mais ses voyages ne s'arrêtent pas là; une autre fois, il n'hésite pas à pointer du doigt les paradoxes de certains des présidents de pays n'autorisant pas l'homosexualité, quitte à parfois les bousculer : « Un jour, un président d'un pays africain a voulu aborder ce sujet, il m'a demandé : "Toi, tu avances que le mariage gay doit être accepté, mais pourquoi vous n'acceptez pas la polygamie ?" Je lui ai répondu que je n'avais pas choisi d'être gay et qu'on choisissait d'être polygame. » Et il y a aussi certains chefs d'État européens comme Viktor Orbán qui choisissent de s'ériger en modèle et porte-parole de la famille hétérosexuelle. En juin 2021, la Hongrie avait adopté une loi interdisant de représenter l'homosexualité et la transidentité auprès des mineurs. Cette décision a déclenché une vive réaction politique. La Commission européenne, soutenue par quinze États membres dont la France, a lancé une action devant la Cour européenne de justice pour faire abroger cette loi. Le couple Bettel-Destenay pointe le double jeu du président hongrois avec qui ils ont eu l'occasion de déjeuner à plusieurs reprises et même directement en Hongrie : « On a l'occasion de parler de tous les sujets et évidemment, sur les droits LGBT, je remarque qu'en privé son discours est bien moins radical qu'en public. C'est purement politique comme attitude, on doit garder le dialogue avec lui dans l'espoir de le faire avancer publiquement sur nos droits. »

Parfois, quand le message est trop délicat à faire passer pour le politique, le conjoint du chef d'État ou du gouvernement a son importance. Valérie Trierweiler, l'ancienne compagne du président François Hollande élu en 2012, revient sur un épisode qui l'a beaucoup marquée à l'occasion d'un déplacement à l'étranger de son ex-compagnon : « Lorsque je suis allée en Afrique du Sud en voyage officiel avec le président, j'avais été alertée sur les viols punitifs commis contre les lesbiennes. J'ai demandé en amont à rencontrer les associations de défense. Le protocole me l'a fortement déconseillé pour ne pas froisser le gouvernement. J'ai insisté et obtenu gain de cause. Je suis allée rencontrer sur place des couples de lesbiennes obligées de vivre cachées. Alors oui, il faut savoir être ferme sur ses convictions. »

Le protocole évolue; il n'empêche que, si les personnes LGBT investissent le monde de la diplomatie, peu ont fait le choix comme Xavier Bettel d'en faire une donnée intrinsèque de leur action politique. Le chemin est encore long, mais le phare luxembourgeois brille.

Chapitre 5

Femme lesbienne en politique : la double peine

Ce n'était pourtant pas faute d'avoir été avertie, lorsque je me suis lancée dans l'écriture. Je voulais alors réunir autant d'interlocuteurs que d'interlocutrices, souhait qui s'est transformé en vœu pieux, étant donné la sous-représentation des femmes lesbiennes en politique. Dans la Ve République, elles restent des cas exceptionnels, du moins en considérant les *coming out* officiels.

Pour Jean-Yves Le Talec, sociologue et chercheur à l'université Toulouse-II-Jean-Jaurès jusqu'en 2018, il faut remonter à 1981 : Françoise Gaspard « est la première femme politique à avoir assumé publiquement son homosexualité en France, à la suite d'un article publié dans *Libération* en 1979. Elle en a souligné les difficultés, notamment quant à "l'injonction au mariage" venant du Parti socialiste et dont elle a été victime, condition pour être, éventuellement, nommée ministre en 1981. Elle évoque de nouveau son homosexualité à la fin des années 1990, après avoir mis fin à sa carrière politique[1] ». Depuis quarante ans, peu de têtes ont pu émerger, et beaucoup de femmes politiques préfèrent jouer la carte de la discrétion sur leur orientation sexuelle.

Le sujet est sensible, en témoigne la récente affaire Borne : la Première ministre a attaqué en justice Bérengère Bonte pour son livre *Élisabeth Borne, la secrète* (L'Archipel, 2023), dans lequel la journaliste faisait allusion à l'orientation sexuelle de la locataire de Matignon. Le tribunal lui a accordé la suppression de certains des passages qu'elle contestait en cas de réédition et de réimpression de la biographie[2]. Élisabeth Borne ne s'est jamais exprimée publiquement sur sa décision ou sur le travail de Bérengère Bonte, mais a formellement démenti dans le magazine *Têtu*. Porter plainte contre une journaliste n'est pas anodin ; interrogée à ce sujet, elle me répond « avoir décidé d'une action pour atteinte à la vie privée dans la mesure où les faits

1. « Sortir des placards de la République... », art. cité.

2. En dédommagement du premier tirage, l'éditeur doit verser 2 000 euros à la Première ministre, mais la maison d'édition a indiqué avoir fait appel de cette décision.

rapportés dans l'ouvrage sont erronés ». « C'est ma liberté, c'est mon choix. Je n'ai pas choisi d'aborder la rumeur dans *Têtu*, il s'avère que j'étais en déplacement dans un centre LGBT à Oréans le 4 août 2022 à l'occasion des 40 ans de la dépénalisation de l'homosexualité en France. Un journaliste m'a posé la question et j'y ai répondu mais l'interview parue ne portait pas sur ce sujet et n'en était pas l'objet. » En tant que femme la plus puissante du pays, peut-être que garder son jardin secret est un réflexe ? Lorsque les femmes politiques lesbiennes choisissent au contraire, à de rares exceptions, d'être des porte-voix, elles se heurtent à la double peine : celle d'être femme et lesbienne.

Concernant la première peine, l'ancienne ministre Roselyne Bachelot ne mâche pas ses mots : « Je pense d'abord qu'il y a de toute façon un problème de discrimination vis-à-vis des femmes qui perdure malgré les lois et les différents gouvernements, c'est d'abord ça, le fond de sauce. » Nous sommes encore loin de la parité en politique, notamment pour les plus hauts postes. Alors que les femmes constituent 52 % de la population française et 52 % des listes électorales, en 2022, à l'Assemblée nationale, on compte 215 femmes pour 377 hommes, au Sénat seulement 110 femmes pour 238 hommes élus. Un effort est fait au gouvernement Borne 1, où l'on compte 20 femmes pour 21 hommes (le président de la République compris). Surtout, pour la première fois dans l'histoire de la Ve République, une lesbienne obtient un maroquin : Sarah El Haïry, alors secrétaire d'État chargée de la Jeunesse et du Service national universel, passée à la Biodiversité. On l'a vu, elle est la première membre du gouvernement lesbienne et enceinte d'une PMA, tout un symbole[1]. Elle a fait le choix de le dévoiler elle-même (en grande pompe, le lancement d'un journal très attendu), afin de ne pas laisser la place aux fantasmes lorsqu'elle devra s'absenter du gouvernement.

Certains hommes politiques gays se positionnent tout de suite en alliés et soulignent le problème de la visibilité lesbienne comme une évidence, notamment dans la compréhension de certains sujets. Ian Brossat, porte-parole du Parti communiste français et sénateur, affirme notamment : « Je ne suis pas un spécialiste de l'intersectionnalité, mais il est indéniable que les femmes politiques lesbiennes subissent une double discrimination. À vrai dire, moi, je ne sais même pas si dans mon parti, j'en connais une. Il faut vite que ça change pour qu'on puisse avoir des femmes qui pourront mettre au

1. Voir chapitre 2 « Le dire, le rendre public ».

programme de nos réflexions politiques leurs vécus et leurs expériences. »

Clémentine Autain, députée LFI de Seine-Saint-Denis, partage ce constat. Elle se souvient qu'au début de sa carrière politique tout le monde pensait qu'elle était lesbienne car elle avait les cheveux courts, ne se montrait pas publiquement avec son compagnon et, surtout, avait participé au premier mariage gay (illégal parce que avant la loi de 2013) à Bègles, avec Noël Mamère. Cela lui a valu de recevoir à son bureau parisien un sac rempli d'excréments humains par des opposants : « Je prenais un malin plaisir, surtout lorsque c'étaient des homophobes, à laisser courir ce bruit que j'étais lesbienne, je trouvais ça flatteur et important pour leur visibilité. C'était de la sororité pour moi, c'était la moindre des choses d'être solidaire. J'ai longtemps caché mon hétérosexualité et je refusais de répondre, sur les réseaux sociaux, cela donnait lieu à de nombreux commentaires débiles. » Les clichés sur les lesbiennes ont la vie dure dans notre société et la politique est bien sûr en première ligne. Souvent moins prises au sérieux ou qualifiées de féministes radicales dès lors qu'elles formulent des propositions en lien avec leur orientation sexuelle, elles ont tendance à la cacher et, en conséquence, à opter pour un militantisme discret voire invisible. Le double jeu de Clémentine Autain lui était possible du fait de son inscription à gauche, camp politique ayant soutenu le pacs et le mariage pour tous depuis le début. Mais qu'en serait-il d'une femme lesbienne dans un parti de droite ? Pourrait-elle aborder les difficultés liées à la PMA ou au parcours de transition tout en conservant le soutien de son électorat et de ses militants ?

Malgré la si faible représentation des femmes lesbiennes en politique, certaines tirent leur épingle du jeu et se sont battues pour peser sur la scène politique française, notamment lors de débats majeurs pour les droits LGBT. Elles s'appellent Alice Coffin (conseillère Les Écologistes de Paris) et Laurence Vauceunebrock (ancienne députée LREM de l'Allier de 2017 à 2022). Deux femmes, deux sensibilités politiques différentes et pourtant le même combat : l'accès à la PMA pour toutes comme l'a promis le président Emmanuel Macron à son élection de 2017.

Militante lesbienne : entre activisme et crispation

Nous sommes en 2018 et Alice Coffin est militante pour le groupe d'action féministe La Barbe[1].

1. Groupe d'action féministe qui dénonce le monopole du pouvoir par les hommes par des interventions non prévues dans des événements masculins.

Les lesbiennes se sentent souvent mises à l'écart des discussions politiques les concernant, elle le sait et depuis 2013, elle bat le pavé pour se faire entendre. *Happenings*, tribunes, articles, plateaux télé, tous les moyens sont bons pour donner de la place aux femmes lesbiennes et à leurs combats, afin de montrer aux hommes qu'ils ne doivent pas parler seuls pour elles.

Adepte des actions coups de poing, Alice Coffin s'est construit une réputation redoutable de militante politique, exemple pour de nombreuses jeunes femmes engagées. Elle revient de loin, tant l'image de la lesbienne politique n'existait pas : « M'afficher et me proclamer lesbienne, je le fais tout le temps. Être lesbienne me rend meilleure politique, cela permet d'être aux prises avec ce système qui peut écraser les minorités, [de] comprendre le fonctionnement de la politique sur les gens. Je le vis au quotidien en tant que femme lesbienne politique, donc je peux d'autant plus savoir comment le combattre. De toute façon, je n'ai pas le choix. Si tu es lesbienne et que tu choisis de le dire en politique, tu seras toujours réduite à ça, donc autant en faire une lutte, un étendard. »

Le style Coffin est tranchant et peut en heurter plus d'un, même au sein de sa propre communauté où d'autres femmes lui reprochent de peu s'intéresser aux autres sujets sociétaux comme la précarité ou la lutte contre le chômage. Des sujets qu'elle choisira de traiter d'abord par le prisme féministe. L'extrême droite et les penseurs de droite comme Pascal Bruckner ou Alain Finkielkraut aiment la dépeindre en chasseuse d'hommes prête à broyer toute trace de virilité. Pourtant, Alice Coffin a aussi basculé en politique pour mettre un terme à une injustice personnelle : le renoncement de François Hollande à faire voter la loi pour la PMA en même temps que celle du mariage pour tous.

La PMA est l'ensemble des pratiques médicales cliniques et biologiques permettant la conception *in vitro*, la conservation des gamètes, des tissus germinaux et des embryons, le transfert d'embryons et l'insémination artificielle. En clair, c'est un moyen pour les couples hétérosexuels, ceux de femmes, les femmes célibataires et les hommes trans (même s'ils ne font toujours pas partie du dispositif légal) d'avoir un enfant lorsqu'il est impossible d'en avoir autrement. En 2017, 64 % des Français interrogés y sont favorables, pourtant, aucun politique ne s'est risqué à ouvrir ce chantier malgré les promesses électorales[1]. Pour François Hollande : « Sur la PMA,

1. IFOP, 2017 pour le site my-pharma.info : 64 % des personnes sondées sont favorables à l'élargissement de la procréation médicalement assistée aux couples lesbiens et 65 % à la PMA pour les femmes célibataires.

il n'y avait pas le même engagement, ça ne faisait pas partie des 40 propositions. Il y avait simplement une déclaration que j'avais faite à *Têtu* en disant que, en ce qui me concerne, j'étais favorable à la PMA. On ne pouvait pas mettre la PMA dans le même texte que le mariage, puisque le mariage relève du Code civil et la PMA du Code de la santé publique, donc il fallait faire un autre texte. Je considérais que nous avions déjà franchi une étape très importante et que si on remettait tout de suite le débat là-dessus, il y avait un côté, disons, de conflit qu'on ne voulait pas ouvrir dans le temps. Donc j'ai voulu faire une pause. » Il n'en a pas eu le temps : François Hollande ne se représente pas en 2017 et laisse un souvenir amer à ces femmes qui ont cru en lui et en la gauche. Alice Coffin se rappelle aussi que « son ministre de l'Éducation nationale de l'époque, Vincent Peillon, avait rétorqué aux progressistes, dont je faisais partie en tant que militante lesbienne, qui avaient critiqué les paroles de François Hollande au congrès des maires, qu'il fallait qu'on arrête de couiner[1], c'est dire comment ils nous snobaient sur le sujet ».

1. « Mariage : Peillon appelle les "progressistes" à se mobiliser et à ne pas "couiner" », *Challenges*, 21 nov. 2012, https://www.challenges.fr/monde/mariage-peillon-appelle-les-progressistes-a-se-mobiliser-et-a-ne-pas-couiner_244330.

Emmanuel Macron n'a pas un attachement profond à la PMA. Toutefois, en pleine campagne présidentielle de 2017, il souhaite réparer l'oubli de son prédécesseur François Hollande. Il n'est pas non plus pressé de lancer le projet de loi – la frustration de ces femmes lesbiennes qui ont voté pour lui pour faire barrage à Marine Le Pen ou par espoir n'en est que plus grande. Une réunion est organisée le 22 novembre 2018 avec les associations LGBT pour aborder la question des discriminations et la meilleure prise en charge des familles homoparentales. Alice Coffin parvient à se procurer la liste des invités et découvre les noms des mêmes associations qui tiennent salon à l'Élysée avec peu de spécialistes de la question. Elle n'est pas conviée et tombe de sa chaise : aucune femme lesbienne n'est représentée, aucune association de familles lesbiennes n'est annoncée, personne ne pourra témoigner de son parcours, ni expliquer précisément les conséquences d'un report de la loi. Là commence une course contre-la-montre avec pour seul et unique objectif de « s'incruster » à l'Élysée et pouvoir parler frontalement au président, exiger des réponses. « À l'époque du mariage pour tous, il n'y avait déjà que des mecs qui avaient été reçus par les socialistes et qui n'en avaient même pas profité pour parler des lesbiennes », se rappelle-t-elle.

Alice Coffin et deux autres militantes lesbiennes se dirigent vers l'Élysée et se fondent dans la masse masculine qui passe la porte. Dans le grand salon, autour de la table, menant la danse, le président de la République, entouré de Marlène Schiappa – son « joker *gay friendly* féministe », comme l'appelle avec humour un conseiller de la majorité que j'ai pu rencontrer, tant elle a pu apparaître ces dernières années comme la figure militante du gouvernement. Alice Coffin raconte qu'Emmanuel Macron ne s'attendait pas à la voir : « J'essayais d'intervenir dès que possible pour casser le discours convenu qu'il était en train de nous débiter, en lui disant que je ne le croyais pas et que je savais qu'il mentait. L'heure était grave, des milliers de femmes attendaient de savoir comment elles allaient vivre le reste de leur vie ! » Le président s'agace et ne tolère pas l'impétuosité d'Alice Coffin, qui lui demande des comptes et des engagements. « Il m'interpelle : "Vous ne respectez pas le cadre de la République, vous êtes des procureurs." Ce à quoi je lui réponds : "C'est vous qui ne me respectez pas en tant que femme lesbienne." » L'ambiance est tendue et les autres associations invitées se désolidarisent d'elle et lui font comprendre qu'elle manque de respect au président.

Le rapport de force s'est organisé à ce moment-là. Alice Coffin choisit de quitter la salle avec fracas et de se confier à la presse quelques minutes après. Elle a l'intime conviction qu'elle vient de saboter le plan de communication de l'Élysée. Ce n'est toutefois que quelques mois plus tard que le sujet est posé sur la table. « Emmanuel Macron ne se rend pas compte, et François Hollande avant lui, que le temps des politiques n'est pas le temps des femmes lesbiennes. Je connais des centaines de couples qui n'ont pas pu avoir d'enfants pendant cette attente et j'en fais partie. On se réveille et on a plus de 40 ans et c'est plus compliqué, voire parfois impossible. » Elle n'a plus jamais rencontré le président depuis cet épisode; lui, a continué à rencontrer les associations LGBT, notamment à l'occasion de la dernière campagne présidentielle de 2022, sans faire appel à l'expertise de la militante lesbienne désormais élue.

Mais le style médiatique et les prises de position d'Alice Coffin ne font pas que des heureuses du côté des lesbiennes. Caroline Fourest, journaliste et militante politique, a pris ses distances avec celle qui fut son ancienne apprentie dans la revue *Pro Choix* en 2004. Rédactrice en cheffe du journal *Franc-Tireur*, elle couvre le combat lesbien d'Alice Coffin dans ses pages et ne l'épargne pas : « C'est très angoissant pour elles de s'exposer, de garder un peu de vérité, j'en connais plusieurs et à de très gros postes. Mais celles qui vont faire leur carrière politique à travers leur identité sexuelle, en faire un sujet, vont être les plus radicales, comme Alice Coffin. Elle en parle du matin au soir et dans l'esprit des Français, c'est elle la politique lesbienne et pas celles qui ne prennent pas la parole. C'est un problème. »

Ce sont deux visions de la politique qui s'affrontent, deux femmes qui n'ont plus comme point commun que leur orientation sexuelle, tant leurs combats sont différents – un fossé comparable à celui séparant un Ian Brossat, sénateur gay communiste de toutes les manifestations contre la loi retraite, et d'un Olivier Dussopt, ministre gay qui est l'instigateur de la réforme. L'une reproche à l'autre son approche essentialiste, binaire, excluante et parfois revancharde, notamment dès lors qu'il s'agit du traitement médiatique des personnes trans qu'Alice Coffin défend au quotidien. L'autre considère que Caroline Fourest ne va justement plus assez loin et deviendrait « beaucoup moins militante qu'à ses débuts, invisible sur les menaces qui pèsent sur les lesbiennes en 2023 ». Pour elle, rien ne vaut l'interpellation directe; si elle a un sujet à défendre et que la porte est fermée, elle passera par la fenêtre. Comme en octobre 2023 lorsque, avec d'autres femmes, elle a décidé de faire entrer une banderole en soutien aux victimes de violences sexistes et sexuelles dans le milieu du foot féminin. Le service d'ordre s'en est violemment pris aux militantes, le tout filmé par leurs téléphones en direct. La vidéo devient virale et le préfet de Police de Paris, la ministre des Sports et la DILCRAH se retrouvent obligés de réagir et de rappeler le gros travail à faire dans le milieu du football. Le message est passé et la réaction musclée du service d'ordre du club parisien ne fait que conforter Alice Coffin dans l'importance de sa manière d'agir en tant que lesbienne en politique.

Caroline Fourest n'est, elle, pas une femme politique bien qu'elle soit militante ; alors qu'en 2013 elle battait le pavé pour le mariage pour tous, ce qui lui a valu une agression de la part de militants intégristes qui peuplaient certains cortèges, elle fait désormais le choix d'une forte présence médiatique. Elle ne traite pas que des sujets inhérents à sa condition de femme lesbienne, mais s'exprime aussi sur les homosexuels, la laïcité, ou encore l'extrême droite et la menace démocratique liée à ce parti. Un discours engagé, qu'elle envisage tenant « plus de l'universalisme que de la radicalité, je peux m'asseoir à la table de tous et discuter posément, on obtient en général plus. Je ne comprends pas que ces nouveaux militants politiques n'utilisent pas la patience pour convaincre les gens. Ils impriment un langage qui est celui de la concurrence des victimes, à un moment donné, quand les gens viennent culpabiliser les autres en leur disant parce que vous êtes blanc, parce que vous êtes hétérosexuel, parce que vous êtes je ne sais pas quoi, vous êtes du côté des bourreaux et nous du côté des victimes… Ça ne peut pas marcher », analyse-t-elle lorsque je lui demande pourquoi elle ne se retrouve pas dans les nouvelles femmes politiques lesbiennes de gauche.

Est-ce que les deux voies représentées par Alice Coffin et Caroline Fourest peuvent encore discuter ? Notre société a besoin que les deux courants de pensée coexistent, avec chacun leur manière d'agir et de faire, sans que l'un menace l'autre. Ces deux femmes permettent que la vie des lesbiennes principalement et celle des LGBT soient mises au-devant de la scène, à travers le mandat politique d'Alice Coffin ou la présence médiatique de Caroline Fourest. La clef serait plutôt de voir ce qui les rassemble, comme la lutte contre l'extrême droite en France et en Europe, ou la protection des LGBT menacés dans leur pays.

Une députée mère lesbienne pour porter le projet

Laurence Vanceunebrock est officière de police près de Montluçon dans l'Allier. Mère de famille peu militante, longtemps éloignée du milieu politique, elle choisit pourtant de s'engager sous les couleurs de La République en marche en 2017, lors du « grand appel » du président Macron à la société civile. D'abord, pour réparer une injustice : la sienne, et celle de milliers de familles en France. Elle est la mère biologique d'une fille née par PMA en Belgique au début des années 2010, celle-ci étant proscrite à l'époque en France pour les femmes seules et les couples homosexuels. La Belgique était devenue un pays refuge pour toutes ces femmes souhaitant expérimenter les joies de la maternité. Moyennant 10 000 euros, elles sont reçues et accompagnées dans leurs projets de famille à quelques kilomètres seulement de la première ville française du Nord. L'ancienne députée s'est séparée de son ex-compagne avant l'ouverture du mariage aux couples homosexuels en 2013. Or, n'ayant pas porté leur second enfant, elle n'a pas pu adopter légalement sa fille, situation qu'elle déplore et qui la pousse à se présenter : « Tout ce que je désirais, c'était que les lesbiennes puissent bénéficier des mêmes droits que les hétérosexuels. C'est une question d'égalité tout simplement, les hétérosexuels ne trouveraient-ils pas curieux, eux, de devoir adopter leurs propres enfants en cas d'incapacité à en avoir naturellement ? »

La PMA fait alors partie du programme d'Emmanuel Macron ; mais, une fois élu, ce n'est plus sa priorité. Il faut dire que son premier gouvernement est composé de transfuges des Républicains qui y sont foncièrement opposés, comme Gérald Darmanin, lequel avait même déposé un amendement contre la PMA lorsqu'il était député du Nord. Leurs prises de position ont-elles eu un impact sur le temps des discussions ? Pour l'ancienne députée, il n'y a pas de doute.

Une fois élue députée, il faut à Laurence Vanceunebrock s'armer de patience pour voir la PMA mise au programme des débats à l'Assemblée. Le temps paraît plus long à Matignon et personne ne semble pressé de la mettre à l'ordre du jour. Pour accélérer les choses, elle décide d'interpeller régulièrement le gouvernement sur les réseaux sociaux, « un moyen de pression lorsqu'on veut se faire entendre, surtout à La République en marche où le silence médiatique est d'or ». Le 29 mai 2018, elle cosigne une tribune dans *Libération* appelant les pouvoirs publics à s'emparer du sujet comme promis. « Certes il y avait les Gilets jaunes, mais malgré tout quand j'en discutais avec les différents ministres, ça n'avait pas du tout l'air d'être une priorité. Et vraiment, je n'ai pas senti non plus une envie folle de se lancer du côté du Premier ministre. » Il est vrai qu'Édouard Philippe n'a jamais été un grand partisan des questions sociétales ; en février 2013, il expliquait : « Nous nous opposerons résolument à la PMA pour les couples homosexuels féminins, et à la GPA qui, au nom de l'égalité, ne manquera pas d'être réclamée par la suite », dans un appel signé avec Nathalie Kosciusko-Morizet paru dans le *Huffington Post*. Il s'était aussi abstenu de voter en faveur du mariage pour tous.

Lorsque c'est enfin l'heure du projet de loi bioéthique en 2021, Laurence Vanceunebrock fait tout pour participer au débat et à la présentation aux députés, ses tweets ont pesé dans la balance pour que le gouvernement lui confie le destin de ce projet de loi. On lui a parfois reproché sa trop forte implication dans les discussions, sa sensibilité lorsqu'elle aborde son cas personnel. En tant que seule femme lesbienne et mère de l'hémicycle, son engagement relève du vécu, jusqu'au *clash* parfois.

Nous sommes le jeudi 30 juillet 2021 à l'Assemblée et pendant l'examen du texte bioéthique, le député Les Républicains Marc Le Fur dénonce l'existence de « lobbys s'exprimant à visage découvert, comme on le voit parfaitement ce matin. Oui, oui, des lobbys, je le dis très clairement et maintenant à visage très explicitement découvert[1] »,

1. Nicoles Sheffer, « PMA pour toutes : l'oposition à court d'argent crie au "lobby LGBT+" », *Têtu*, 31 juil. 2020.

lance-t-il à l'adresse de la rapportrice qui encaisse sans sourciller. Il est alors repris timidement par des députés du camp présidentiel présents dans l'hémicycle. Laurence Vanceunebrock est seule face à ces accusations qui la touchent au plus profond de son être. Point de lobby gay qui tirerait les ficelles de Matignon et des députés de la majorité pour elle, juste une histoire de vie, deux femmes s'aiment, vont jusqu'en Belgique pour concevoir un enfant, puis se séparent avec des bambins au milieu. Elle repense à toutes les embûches administratives, à la pédagogie à adopter à l'école avec les professeurs et les parents d'élèves, à l'angoisse de savoir que tant qu'aucun texte ne sera passé, et s'il arrive malheur à sa fille, elle ne pourra légalement rien faire, rien décider, rien choisir. Tout ça lui revient en pleine face quand le député de droite lui rétorque qu'il existe une toute-puissance gay. Elle voudrait tellement qu'il la comprenne, qu'il se mette à sa place, ce ténor de la droite siégeant sur les bancs de l'hémicycle depuis plusieurs décennies qui a battu le pavé au côté de La Manif pour tous en 2013 et a reçu plusieurs avertissements pour ses propos outranciers.

Laurence Vanceunebrock se souvient avec beaucoup d'émotion des courriers, messages, appels qu'elle a reçus lorsque la France prend conscience que cette séquence à l'Assemblée est aussi son *coming out*. Elle est extrêmement touchée : « Ce n'était pas un sujet pour moi, et puis personne ne me connaissait. Avec ce projet et la médiatisation qui en découle, je suis devenue la confidente, celle qui réconfortait des gens en souffrance, ça marque. Je me suis dit : "Tu as fait la maligne maintenant, faut y aller, tu ne peux pas revenir en arrière." »

Dans sa circonscription, c'est le retour de bâton : battue aux législatives en 2022, on lui reproche de n'avoir agi qu'en faveur des lesbiennes et pas assez pour son territoire rural et enclavé. Pour elle, la politique, c'est terminé, même si elle a candidaté au poste d'ambassadrice aux droits LGBT+ créé lors du deuxième quinquennat Macron. Selon elle, elle ne faisait même pas partie des prétendants à ce poste car elle « l'ouvre trop ». Elle regrette les débuts trop timides de l'actuel ambassadeur, mais pense qu'il a jusqu'aux jeux Olympiques pour faire ses preuves. De retour dans ses fonctions au commissariat, entre violences conjugales et affaires de nuisance sonore, elle reprend sa vie là où tout a commencé, avec le sentiment d'avoir réussi sa mission : la PMA pour toutes.

Est-ce plus dur pour une femme de mener à bien une vie politique et une orientation sexuelle ouvertement déclarée ? La réponse peut tenir en cette citation de Gisèle Halimi : « C'est à partir de ma vie même, de mon vécu, que j'ai pris conscience de la discrimination qui frappait les femmes, de l'injustice intolérable, que je me suis révoltée et que, par la suite, en lisant goulûment, j'ai théorisé. Une femme ne doit pas faire de bruit, ne pas déranger, ne pas se faire remarquer, ne pas avoir l'esprit de compétition, ne pas chercher la gloire. Ça, c'est réservé aux hommes. Mais rebellez-vous ! Pensez enfin à vous. À ce qui vous plaît[1]. » L'avocate serait-elle, en 2023, plus proche du militantisme d'action sur le terrain d'Alice Coffin ou de Laurence Vanceunebrock ? Elles qui ont imaginé leur fonction politique d'abord pour lutter contre les injustices qu'elles vivent, pour enfin dire le mot « lesbienne » dans une assemblée de la Vᵉ République.

Les femmes lesbiennes en politique se comptent sur les doigts des deux mains et sont principalement à gauche de l'échiquier. À droite, il en existe mais elles

1. « Gisèle Halimi. La cause du féminisme », propos recueillis par Tania Angeloff et Margaret Maruani, *Travail, Genres et Sociétés*, n° 14, 2005, https://www.cairn.info/revue-travail-genre-et-societes-2005-2-page-5.htm.

n'en font pas la promotion et refusent de s'exprimer publiquement – peut-être par méfiance, conscientes qu'elles ne seront pas soutenues dans leurs partis. Il n'empêche : elles savent toutes qu'elles vont devoir en faire plus que les autres pour sortir du lot.

Chapitre 6

Trans envers et contre tout

« Ce qui se fait pour nous, sans nous, se fait contre nous » : c'est par ces mots qu'Anaïs Perrin-Prevelle, coprésidente de l'association OUTrans, définit son combat pour une meilleure visibilité et prise en charge des personnes trans dans le monde politique et dans le milieu scolaire. Elle propose ainsi des ateliers et des interventions dans une optique de sensibilisation sur les personnes trans et le genre. Chaque passage dans un établissement scolaire par exemple est validée par le rectorat et les services de l'Éducation nationale. La demande est là : de la chic École alsacienne à des collèges du sud du Val-d'Oise, son activité ne désemplit pas. Les étudiants sont aussi concernés – le jour où je la rencontre, elle vient de terminer une session de formation à la prestigieuse École normale supérieure de la rue d'Ulm.

Anaïs Perrin-Prevelle est une femme trans, qui entame sa transition médicale en 2018, à 56 ans, des années après ses débuts en politique. Elle n'a pas occupé le devant de la scène, mais officiait en tant qu'éminence grise à droite. Issue d'une famille de gaullistes, père maire et grand-père haut gradé, elle est profondément attachée à la République et à ses valeurs, qui l'ont poussée dans les bras du RPR « période Chirac, celle où on adhère à la culture du chef quoi qu'il arrive ». Elle avait toujours ressenti le besoin de faire sa transition, mais n'en avait ni le courage ni la force : « Je sais que les gens sont plus rassurés lorsqu'ils me voient faire ma transition à mon âge, ils disent que ce n'est pas un coup de tête, que c'est réfléchi. Avant 2015, quand on cherchait "transidentité" sur Internet, on ne tombait que sur des sites pornographiques. Grâce aux pionniers et pionnières comme Paul B. Preciado[1] qui ont fait de leur transition un mouvement politique, le sujet se démarginalise petit à petit et on peut trouver des contenus informatifs clairs et sourcés. »

Il est assez original d'imaginer qu'Anaïs Perrin-Prevelle est entrée dans la vie politique et a partagé toutes les batailles locales et nationales aux côtés

1. Paul B. Preciado a participé avec d'autres auteurs à la construction d'une littérature engagée des personnes trans.

de Nathalie Kosciusko-Morizet, égérie de la droite libérale alors secrétaire générale adjointe de l'UMP, et surtout l'une des abstentionnistes lors du vote de 2013 : « On avait le même âge et, sur les questions LGBT, c'était la plus ouverte. J'étais ouvertement homosexuel depuis la fin des années 1990 et ça n'avait pas été un sujet quand nous nous sommes rencontrées – et plus globalement à droite. Je n'en faisais pas un étalage démesuré, mais je savais que c'était accepté. » Une preuve d'ouverture d'esprit de la part de la frange la moins conservatrice de l'UMP en 2013. Nathalie Kosciusko-Morizet incarnait, comme Bruno Le Maire ou Dominique de Villepin, des personnalités de droite ouvertes sur les sujets sociétaux. Malheureusement, l'inertie du parti ne leur a pas permis de défendre leurs convictions en interne, et Les Républicains, aujourd'hui incarnés par Éric Ciotti, Laurent Wauquiez ou Bruno Retailleau, affichent un mépris total pour la question trans.

Grâce à sa rencontre avec l'association OUTrans, Anaïs Perrin-Prevelle a franchi le pas. Depuis son engagement bénévole, elle s'active pour faire bouger les lignes dans le monde politique. Son principal objectif consiste à former les élus et leurs collaborateurs, clef selon elle pour faire avancer le sujet dans le débat public : « On est sur un moment de bascule, on gagne beaucoup en visibilité sur le sujet, mais il y a encore trop de risques dus à cette exposition. Marie Cau, première maire trans de France, reçoit des torrents d'insultes médiatiques dès qu'elle passe sur un plateau télévisé. Mais les faits sont là, il y a 36 000 communes et deux maires trans connues. Pour le moment, ça avance. » La parole s'est libérée, bien que peu de villes ou collectivités se soient engagées dans un grand plan d'inclusivité dédié.

L'exemple nordiste

Il est des histoires qui réconcilient tout le monde. Celle d'Estelle Szabo, 63 ans, maire d'Estampilles (une petite bourgade rurale nichée entre Lens et Carvin) en fait partie.

Estelle Szabo ne compte pas devenir une porte-parole, même si elle admire le courage de sa consœur nordiste Marie Cau, élue alors qu'elle avait déjà entamé sa transition et qui fréquente avec son bâton de pèlerine plateaux télé et rassemblements en tout genre, tentant d'expliquer pédagogiquement le chemin qu'elle a parcouru, tout en s'exposant frontalement aux attaques[1]. Estelle Szabo, de son côté,

1. Notamment dans son livre *Madame le maire*, Paris, Fayard, 2022.

souhaite simplement poursuivre une vie normale avec sa famille : « Ma femme est une personne formidable, l'amour de ma vie qui m'a toujours soutenue et qui est restée avec moi malgré la transition. Elle n'a pas choisi d'être en couple avec une femme, je lui dois beaucoup. Pareil pour mes enfants, chaque courrier ou tract me comparant à une bête de foire que l'on reçoit à notre domicile me rend profondément triste. Pour elles, surtout. »

Lorsqu'elle entame sa transition, Estelle Szabo est déjà maire. La question de la « sincérité » s'est très vite posée pour la suite de son mandat, comme si sa décision allait changer sa façon de faire de la politique, en révélant quelque chose qu'elle aurait toujours caché aux électeurs. Si l'on est élu, et a fortiori pour une élection municipale, c'est d'abord pour un programme, mais aussi pour une personnalité, une attitude. Quand bien même le genre n'est aucunement lié à la capacité à porter nos idées, l'élue craint alors de se voir reprocher le mensonge ou d'engendrer un rejet si la situation était imposée à ses électeurs et à son équipe locale.

Pour la première fois en France, Estelle Szabo a réuni le conseil municipal pour un vote concernant son maintien en poste une fois devenue femme. Les élus ont choisi de lui renouveler leur confiance, même si ce processus n'était pas requis par la loi. Sur dix huit votants, quatorze ont voté pour et quatre se sont abstenus : « C'est une continuité dans mon parcours de vie, dans mon parcours politique. » Deux jours après le vote, elle vient à la mairie avec ses habits féminins, enfin elle-même, sous le regard bienveillant de ses collègues. L'histoire d'Estelle Szabo montre que, loin des clichés et des fabulations des conservateurs, la question de la transidentité en politique a désormais intégré le quotidien d'une partie de la population. Le chemin est ouvert grâce à ces élus et facilitera les choix d'autres, qui ont sous les yeux la preuve qu'on peut être une personne trans et exercer une fonction politique majeure, celle de l'élue.

Marie Cau, première maire transgenre de France qui s'est fait élire après son parcours de transition, en témoigne : « Moi j'ai été élue en connaissance de cause, les gens ne l'ignoraient pas, mais chaque parcours est personnel. D'autres maires, dans d'autres pays, ont fait des transitions durant leurs mandats. C'est une autre problématique. Il faut affronter son conseil municipal et les médias de manière différente. Et il n'y a pas que le mandat : il y a la vie professionnelle, la vie familiale, la vie affective, on jongle entre plusieurs temporalités. Moi j'avais fait ce choix-là, d'autres préfèrent faire leur transition après, parce que c'est peut-être le bon moment pour eux[1]. » Les habitants de Tilloy-lez-Marchiennes dans le Nord l'ont élue à une grande majorité, avec 63,5 % des votes pour sa liste dès le premier tour. Cette mère de trois enfants s'est présentée pour l'élection présidentielle 2022 mais a dû renoncer, faute d'avoir obtenu les parrainages nécessaires. Tout comme sa consœur du Nord Estelle Szabo, elle ne souhaite pas être réduite à sa transition et fustige l'obligation de justification devant le tribunal médiatique et l'étiquette qui lui colle à la peau. Elles aspirent toutes deux à faire leur vie tranquillement. Loin d'être des activistes chevronnées de la cause, elles préfèrent être des grandes sœurs plus discrètes, laisser la place à la jeune génération militante qui sait user d'autres leviers pour se faire entendre. Elles attendent de voir si, d'ici aux prochaines échéances électorales, une personne trans qui fait de la transphobie et de la lutte pour l'égalité son cheval de bataille pourra avoir la possibilité de briguer un mandat.

Un gouvernement attentif… en apparence

Anaïs Perrin-Prevelle compte dans le paysage associatif : en plus de son métier de communicante

1. *La Voix du Nord*, 12 avril 2023.

politique, elle parcourt les ministères, les conseils d'administration de grandes institutions et les syndicats pour incarner une parole de personne concernée sur la transphobie ; pour qu'à chaque oubli, elle puisse remettre le sujet sur la table, avec les mots de quelqu'un qui a dû faire sa propre transition tardive. « Au premier comité, j'ai senti une ambiance de cathédrale, comme si notre présence était décorative. En fait, on était invitées pour fermer notre gueule et poser sur la photo. Eh bien non ! Ce n'est pas comme ça que ça marche, ce n'est pas comme ça qu'on se fera entendre. Moi j'ai ouvert ma gueule tout le temps, pas pour le plaisir, mais pour dire que ce n'était pas envisageable de donner si peu la parole aux associations. » Elle dénonce la tendance « J'ai mis une affichette à la machine à café pour lutter contre les LGBTphobies » de certains ministères.

Sa détermination et sa connaissance du langage politique, qu'elle a su conserver de ses années à l'UMP et dans les cabinets, sont des atouts, et on commence à entendre parler d'elle. En juin 2023, elle se retrouve même invitée par le ministre de l'Intérieur Gérald Darmanin lors d'une journée de travail dédiée à la lutte contre les LGBTphobies. Le premier flic de France, ancien opposant au mariage pour tous, qui, depuis, est revenu sur ses propos, consulte et veut un grand plan policier sur la question. « Il veut se refaire une réputation, se tailler un costume de Premier ministre fréquentable, cela passe souvent par les LGBT, on le sait. Maintenant, on est fréquentables, politiquement parlant. On y participe, mais il faut être constamment en vigilance pour veiller à ce que nos demandes soient appliquées. » Autour de la table, des préfets, des hauts gradés de l'administration. Certaines associations LGBT présentes ont l'impression d'assister à une mise en scène, où l'on manque de s'étouffer quand on confond homosexualité et transidentité. Les photographes ministériels sont bien sûr prêts pour immortaliser ce moment de communication politique. Le ministre de l'Intérieur, repenti du mariage pour tous, recevant à sa table les associations LGBT du pays, qui l'aurait cru dix ans auparavant ?

Lorsque Anaïs Perrin-Prevelle parvient à mettre en place ses formations financées par l'État, elle tombe vite des nues. À la suite de la promesse de former dix fois, trois heures par an en séminaire, tous les ministères et les ministres prompts à communiquer sur leur engagement et leur volonté à lutter contre les discriminations, elle se retrouve avec une petite poignée de conseillers ou collaborateurs qui ne portent pas le message politique et les choix gouvernementaux, comme le meilleur accompagnement des personnes trans. « Ils ont quasiment tous pris ça très à la légère, on s'est retrouvé parfois avec des sous-sous-conseillers, spécialistes d'un sujet qui n'avait rien à voir avec la lutte contre les discriminations. Nous avions prévenu dès le début qu'il fallait a minima les ministres et au moins les directeurs de cabinet ainsi qu'une tête d'administration pour que cela soit efficace, car ce sont eux qui impulsent le mouvement pour le reste. S'il n'y a pas ces deux têtes-là, on n'avancera jamais. Le ministre de l'Intérieur, par exemple, n'a envoyé personne… » On est loin de la photo de famille dans le bureau de Gérald Darmanin.

Ouverture à gauche, opposition à droite : rien de neuf sous le soleil?

Andy Kerbrat, député LFI ouvertement homosexuel, souhaite porter la voix des personnes trans à l'Assemblée, et en fait l'un des combats importants de sa députation : « Les personnes trans n'ont obtenu aucun droit nouveau, Emmanuel Macron ayant choisi délibérément le maintien du statu quo de la loi Justice du XXIe siècle de 2016, qui a conservé la judiciarisation du changement de genre alors même qu'elle déjudiciarisait le divorce et le changement de prénom à l'état civil. » Cette loi implique pour les personnes trans un passage obligé devant un magistrat pour justifier de son identité. Les associations décrivent des situations humiliantes et réclament une procédure libre et gratuite sur simple déclaration, comme c'est le cas en Argentine par exemple.

Auteur de la partie relative aux questions LGBT pour le programme de LFI, Andy Kerbrat arbore un triangle rouge à l'envers sur ses réseaux sociaux, symbole de la lutte pour la reconnaissance des personnes trans. Il ne supporte pas l'expression « question trans », véhiculant l'idée qu'on peut nier l'existence de ces femmes et de ces hommes. Avec sa camarade à LFI Ségolène Amiot, ils sont deux porte-drapeaux et points de contact des associations à l'Assemblée nationale, les politiques alliés identifiés par les militants. Pour Andy Kerbrat, son parti politique est l'un des seuls à mettre sur le devant de la scène les personnes trans et plus globalement, les minorités : « On a des choses à améliorer évidemment, j'aimerais à terme former tous les élus insoumis avec les associations trans, on pourrait montrer l'exemple. » Son groupe a présenté le 5 juillet 2023 une proposition de loi pour réclamer l'accès à la PMA pour les hommes transgenres.

Au même moment, le Rassemblement national propose une loi pour écarter les personnes transgenres des compétitions sportives. En octobre 2023, le parti d'extrême droite suggère un amendement visant à retirer une subvention au Planning familial s'il oriente sa communication en faveur des personnes trans. Chez les opposants, on pense les LGBTphobies de manière organisée, en commissionnant des membres pour travailler dessus, en organisant des séminaires et donc en fabriquant un discours unique sur la question. On théorise des idées en affirmant que les personnes trans seraient une menace pour les adolescents qui se questionnent sur leur sexe. Théorie du genre, éducation sexuelle, transidentité, sport… Tous ces sujets occupent un temps disproportionné de débats chez les opposants et dans certains médias.

La transidentité est même parfois utilisée pour déstabiliser et nuire de façon inacceptable à la femme du président de la République Brigitte Macron. Tout est parti d'un #JeanMichelTrogneux, une série de tweets transphobes et sexistes. L'affaire s'est poursuivie devant les tribunaux, mais ce qu'il faut retenir ici, c'est que pour les accusés, transitionner serait une honte. La rhétorique de la multiplication est certes alimentée par la stigmatisation des parcours de transition, mais aussi par la rengaine autour du lobby LGBT et de la visibilité accrue d'artistes notamment[1].

1. Comme, en France, Chris (anciennement Christine and the Queens), Océan ou Bilal Hassani.

« Quand les anti et les conservateurs nous disent qu'il y a une explosion de ce sujet dans l'espace médiatique, je leur réponds que ça n'a rien d'une explosion, mais que nous sommes désormais capables de mettre des mots sur des maux anciens et profonds chez les personnes transgenres. La société accueille davantage les personnes trans, elles peuvent aujourd'hui devenir maire », explique Estelle Szabo. En effet, contrairement aux alertes et aux différentes sorties médiatiques, il n'y a pas d'augmentation délirante du nombre de personnes trans en France. En 2022, on estimait entre 20 000 et 60 000 le nombre de personnes transgenres[1]. Parmi elles, certaines sont engagées dans des parcours qui se révèlent longs, difficiles et jalonnés d'entraves (financières, médicales, juridiques...). Il n'y a pas véritablement d'explosion des parcours de transition, il faut relativiser les chiffres à l'échelle de la population française : en France, les parcours peuvent, contrairement à ce qu'on observe dans d'autres pays, être pris en charge par la Sécurité sociale, pour certains à 100 % en cas d'accès à l'ALD (affection de longue durée). Le nombre de bénéficiaires de l'ALD au titre d'un diagnostic

1. Rapport relatif à la santé et aux parcours de soins des personnes trans, Vie publique France, 2022.

de transidentité a fortement augmenté depuis dix ans, tout en restant relativement modeste : 9 000 personnes sont concernées en 2020 dont 3 300 admises dans l'année. 70 % des bénéficiaires ont entre 18 et 35 ans[1]. La plupart des personnes trans, pour pouvoir accéder à des hormones (œstrogènes et testostérone à prendre toute la vie) et à des opérations aujourd'hui en France, sont soumises à une visite obligatoire auprès d'un endocrinologue. Par ces dispositifs, la transidentité est donc toujours considérée comme une maladie, rendant possible un accès à un remboursement, mais cela en dit long sur la perception du milieu médical et de la société sur ces transitions.

Faire du bruit pour ne pas disparaître

La pratique politique des personnes trans non élues est plus offensive sur certaines questions, notamment le rapport avec les partis politiques ou les interpellations de personnes dites transphobes, que celle des gays et lesbiennes. Cela peut se justifier par la précarité qui existe dans leurs parcours de soins et leur visibilité. Lorsque je me suis intéressée aux personnes trans pour cet ouvrage, certains jour-

1. *Ibid.*

nalistes m'ont mise en garde en disant que je mélangeais tout en affirmant que les lesbiennes et les gays n'ont pas la même histoire que les personnes trans. Certes, chaque combat prend racine dans l'intime et, dans le cas des gays et des lesbiennes, il n'y a pas ce parcours de transition souvent violent et semé de multiples embûches administratives et médicales. Malgré tout, une personne gay peut être trans et l'histoire des luttes gays et des personnes trans est irrémédiablement liée, sans nier les difficultés de chacun. De plus, avec deux maires trans connues en France, la question de la visibilité va continuellement se poser.

Il me semblait ainsi incontournable de consacrer un chapitre aux personnes trans en politique, car dans mon quotidien au travail ou dans ma vie personnelle, je rencontre de nombreuses personnes trans en détresse face aux insultes qu'elles subissent, perdues face à la difficulté de trouver un emploi ou de faire accepter leur transition à leurs proches. Toute une tendance politique, incarnée par exemple par Éric Zemmour ou Jordan Bardella, s'est créée contre eux, profitant de chaque événement ou de chaque incident lié par exemple à l'Éducation nationale pour questionner l'appartenance des personnes trans à notre République. Ainsi, lorsque l'association OUTrans d'Anaïs Perrin-Prevelle est intervenue à l'École alsacienne, lieu d'éducation de l'élite parisienne, pour un moment d'échange sur la question du genre devant des classes de 4e, certains parents ont dénoncé dans *Le Figaro*[1] et d'autres médias une prise à partie militante, et même agressive, de leurs enfants de la part de l'association. Ce même échange avait eu lieu des centaines de fois devant d'autres élèves de 4e sans souffrir de ces accusations.

Conscientes de l'importance d'occuper le champ politique et médiatique, les personnes trans sont méfiantes à l'égard des sollicitations qu'elles peuvent recevoir, tant elles savent qu'elles peuvent être instrumentalisées ou leurs propos mal interprétés. Pour Ali Aguado[2], directeur d'établissements médico-sociaux, militant trans et premier homme trans en France à avoir porté un enfant et être reconnu comme père à l'état civil, le constat est clair : « Le fait que des personnalités politiques prennent notre sujet comme un sujet à traiter, à éradiquer, est une agression en soi. Mais ce n'est pas

1. *Le Figaro*, 16 mai 2023, https://www.lefigaro.fr/actualite-france/ils-ont-accuse-les-enfants-d-etre-transphobes-a-l-ecole-alsacienne-une-conference-sur-les-trans-scandalise-les-parents-20230516.

2. « "On est un mouvement social" : état des luttes trans avec Ali Aguado et Karine Espineira », Manifesto.XXI, 10 fév. 2023.

qu'à l'extrême droite que cela se passe. La gauche a participé aussi à ouvrir cette fenêtre d'Overton qui permet la banalisation d'une transphobie crasse dans l'espace public. Si la gauche avait été moins nuancée sur les réponses apportées à La Manif pour tous, cela n'aurait pas laissé autant de possibilités à l'extrême droite de s'exprimer aussi banalement sur la valeur de nos vies. La transphobie apparaît beaucoup plus aujourd'hui car on est visibles. On est à ce point où, à force d'avoir tellement milité et travaillé dur à notre visibilité, on est là et la société ne peut plus fermer les yeux. On a pris l'espace au travail, à l'université, à la banque comme dans le médico-social, dans l'espace médiatique, dans les séries… On ne peut plus ni nous ignorer ni taire ce que l'on a traversé toutes ces années. Ces droits, on ne nous les a pas donnés, on a lutté, on est allés les chercher, et on ne les laissera pas nous les enlever. »

Le combat majeur pour les personnes trans reste celui de faire bloc contre les discours de haine et la violence malgré les avancées notables des institutions. De même, il reste à sensibiliser les Français qui pour certains ne demandent qu'à comprendre les parcours de transition et questionnements étudiants. Pour le moment, à part quelques élus de gauche comme Alice Coffin ou Andy Kerbrat, peu de politiques se lancent dans des prises de position en soutien aux personnes trans, pour le plus grand regret de Mounir Mahjoubi, ex-secrétaire d'État au Numérique : « On devrait s'emparer de ce sujet chez Renaissance, c'est dans notre ADN de défendre l'égalité pour tous. Il faut qu'on se pose et qu'on travaille là-dessus ensemble avant qu'il ne soit trop tard. » On gagnerait aussi à faire de l'école un cadre accueillant pour les jeunes qui s'interrogent et pour leurs parents qui ne savent pas comment interagir avec eux, telles sont les missions qui attendent les personnalités LGBT en politique qui voudront bien s'emparer de la transidentité.

II.
LGBT et boussole politique

Chapitre 7

La gauche, alliée politique naturelle des LGBT ?

> « Ce n'est pas un sujet qui suscite des débats entre nous, puisque nous sommes tous d'accord. À La France insoumise et globalement à gauche, on est les interlocuteurs historiques des associations LGBT, on n'a jamais eu à leur courir après comme certains autres partis. »
>
> Clémentine Autain

Les mariés de la Fête de l'Humanité

Il est 19 heures, le 10 septembre 2022, la 87e édition de la Fête de l'Humanité bat son plein. Désormais au cœur de l'Essonne après des années en Seine-Saint-Denis, ce rendez-vous historique organisé par le journal plus que centenaire de la gauche rassemble chaque année pendant un weekend aux alentours de 450 000 visiteurs, plus de cinq Stades de France remplis.

Bruyante, colorée de symboles militants, cette réunion de la gauche française abrite des stands pour toutes ses familles politiques. On déambule dans des rues qui portent les noms de grandes femmes de gauche : Olympe de Gouges, Elsa Triolet, Gisèle Halimi. Les participants dansent, boivent et refont le monde au son des collectifs, artistes et personnalités venus du monde entier. On peut y débattre à bâtons rompus de sujets internationaux comme sociétaux.

C'est dans cette ambiance survoltée que Fabien Roussel tient *meeting*. Le chef du Parti communiste français a décidé, pour terminer en grande pompe, d'unir symboliquement deux militants du Mouvement jeunes communistes de France (MJCF). Devant 20 000 personnes, Paul Mongault-Girard et Enzo de Gregorio se disent oui sur le lieu de leur rencontre, quelques années auparavant. À la Fête de l'Huma, les LGBT sont chez eux, le député du Nord cherche à le leur montrer.

« Je suis communiste avant d'être gay », m'a confié le sénateur PCF Ian Brossat. À l'image de cette identité, son parti ne souhaite pas faire de l'orientation sexuelle une question centrale de son programme, mais une donnée intrinsèque à chaque prise de décision, au même titre que les inégalités de genre ou le racisme systémique. Pour l'élection présidentielle de 2022, la commission Fièr·e·s et révolutionnaires du PCF a par exemple prôné une inclusivité réelle des personnes LGBT dans le travail (égalité des salaires entre personnes homosexuelles et hétérosexuelles) et la bonne attribution des aides sociales pour les couples LGBT. Une primauté de la vision sociale qui fait la singularité de ce parti dans le cadre de la gauche de l'échiquier politique.

Les avancées portées par la gauche

La gauche française telle qu'elle existe depuis les années 1980 s'est toujours positionnée comme la principale alliée des droits LGBT et est généralement le camp qui propose des évolutions sur le plan sociétal. En face, la communauté LGBT lui a largement accordé son soutien lors des grandes élections comme en 2012, lorsque les intentions de vote pour la gauche avoisinaient déjà les 53 %[1].

En 1981, l'élection de François Mitterrand, premier président de gauche de la Ve République,

1. François Kraus « Gays, bis et lesbiennes : Des minorités sexuelles ancrées à gauche », CEVIPOF/IFOP, , janvier 2012.

a permis des progrès notables. Tout d'abord, le ministre de la Santé Edmond Hervé récuse la classification internationale des maladies établie par l'Organisation mondiale de la santé sur l'homosexualité. Ensuite, en 1982, le garde des Sceaux Robert Badinter défend et fait voter la dépénalisation de l'homosexualité, puis la suppression de l'orientation sexuelle dans les fichiers de police.

À la suite du refus par la Cour de cassation en juillet 1989 de la qualité de concubin au couple de même sexe et en réponse aux demandes des associations de lutte contre le sida, le sénateur socialiste Jean-Luc Mélenchon dépose quelques mois après la première proposition de loi reconnaissant les couples homosexuels, l'ancêtre du pacs – laquelle sera adoptée par la gauche plurielle au pouvoir de 1997 à 2002. Enfin, sous l'égide du Parti socialiste de 2012 à 2017, la gauche rend légaux le mariage et l'adoption pour les couples homosexuels, lève l'interdiction totale des gays à donner leur sang, diffuse la Prep[1] et annule la stérilisation forcée des personnes trans lors d'une transition hormonale.

---

1. Traitement médicamenteux qui empêche l'infection du virus du sida chez des personnes séronégatives. En France, la Prep est accessible à tous et permet une vie sexuelle sans risque de contamination du sida pour ses utilisateurs.

Aujourd'hui, c'est principalement dans les mairies tenues par la gauche (Les Écologistes, PS) que l'on retrouve des adjoints volontaristes en charge des droits LGBT ou de la lutte contre les discriminations. Jean-Luc Romero-Michel, aux avant-postes de ces questions à Paris, témoigne de ces politiques menées : « Avant Bertrand Delanoë puis Anne Hidalgo, rien n'était fait pour les associations. La droite faisait comme si la lutte contre les discriminations n'existait pas dans les villes et que c'était une compétence de l'État. » À titre d'exemple, là où Lyon (Grégory Doucet, Les Écologistes) ou Lille (Martine Aubry, PS) ont un adjoint en charge spécifiquement de la lutte contre les discriminations LGBT, de l'autre côté du paysage politique à l'extrême droite il n'en existe pas, par exemple à la mairie de Perpignan (Louis Aliot, Rassemblement national). Soutien aux marches des fiertés, subventions aux associations trans, visibilisation par des élus eux-mêmes LGBT : les villes de gauche mènent un travail plus important sur le sujet que leurs homologues de droite.

Dans un tour d'horizon des composantes actuelles de la gauche, ce sont La France insoumise et Les Écologistes (ex-EELV) qui vont retenir tout particulièrement mon attention. Par la spécificité des discours et la radicalité de certains de leurs membres, j'ai voulu m'intéresser à la manière dont les questions sur les thématiques LGBT étaient posées au sein de leurs organes.

D'autres forces de gauche ne sont pas en reste, on l'a vu avec le PCF en début de chapitre et avec le PS, allié incontournable depuis le pacs et le mariage pour tous ; néanmoins, la bascule sur la GPA n'a pas encore été totalement claire, comme le précise la tribune[1] à l'occasion du 80e congrès du parti signée par différents élus comme le maire du XIe arrondissement de Paris, François Vauglin, ou l'ancien député, adjoint à la maire de Paris, Patrick Bloche : « Les militants de gauche doivent clairement aborder cette question, trop souvent polluée par des caricatures, clichés simplistes et autres anathèmes. En effet, il est démontré depuis de nombreuses années que les Françaises et les Français sont favorables à la GPA, qui bénéficiera évidemment très majoritairement aux couples hétérosexuels et à une nécessaire meilleure natalité pour notre pays. »

1. « Socialistes, nous refusons d'enterrer le débat sur la GPA comme les conservateurs le souhaitent », congrès du PS à Marseille, 2023, https://www.parti-socialiste.fr/socialistes_nous_refusons_d_enterrer_le_debat_sur_la_gpa_comme_les_conservateurs_le_souhaitent.

LFI, à la pointe mais touché par la polémique

Premier parti de gauche à la dernière élection présidentielle, La France insoumise pousse vers davantage de droits et de visibilité pour les personnes LGBT à chaque rendez-vous électoral. La lutte pour les droits des personnes trans est ainsi un de ses chevaux de bataille parlementaires : en 2018, les députés ont déposé deux amendements dans le cadre de la loi sur la programmation de la Justice. L'un visait à faciliter le changement d'état civil pour les personnes trans[1]. Le second prenait à bras-le-corps les conditions de détention des personnes transgenres[2].

Pour Andy Kerbrat, député LFI et homosexuel – ce qui est mentionné sur sa fiche Wikipédia et dont il est très fier –, son parti, malgré ses dehors avant-gardistes, n'est pas encore totalement au point. Le député de la Loire-Atlantique a une longue expérience dans des organisations LGBT avant son entrée en politique. Longtemps salarié de centres d'appels téléphoniques,

1. Voir chapitre 6 « Trans envers et contre tout ».

2. Aujourd'hui, de nombreuses personnes transgenres emprisonnées voient leurs droits les plus fondamentaux niés, sont confrontées à de plus grandes difficultés d'accès au soin et à des discriminations. Un grand nombre d'entre elles ne sont toujours pas affectées dans les prisons (pour hommes ou pour femmes) qu'elles souhaitent, ce qui les fragilise et augmente les risques de violence.

il occupait pour ses collègues la position de référent syndical sur ces questions. En 2016, il prend sa carte à LFI et s'engage naturellement dans la commission des droits LGBT : « Il y a toujours des militants qui sont un peu cons et eux, il faut les écarter, mais l'homophobie n'existe pas au sein du parti et dans nos instances. On a investi des personnes LGBT, ce n'est même pas une question, j'en suis la preuve vivante. »

Tribune dans *Têtu*, mobilisation lors de la variole du singe, interpellation du gouvernement lors de la polémique autour des propos de Caroline Cayeux (voir Chapitre 9)… toutes les occasions sont bonnes pour prendre la parole, le militantisme politique d'Andy Kerbrat est intrinsèquement lié à son homosexualité. Il reconnaît que parler des sujets LGBT dans certaines circonscriptions n'est pas simple, mais que c'est justement le rôle de la gauche et de son parti de mener un travail de pédagogie partout où l'homophobie a encore cours, dans les zones urbaines comme rurales : « Tous les partis de gauche devraient participer par exemple à la marche des fiertés en banlieue ou à la campagne, car c'est là où le combat politique doit être mené. »

Le député me confie qu'en 2022 il a attrapé la variole du singe lors de l'explosion de l'épidémie qui a touché de nombreux hommes en France. Forcé de s'absenter un long moment de l'hémicycle, il s'est questionné sur la possibilité d'en parler publiquement : « Encore le vieux réflexe de se cacher et d'avoir honte, j'ai préféré dire que j'avais un Covid long pour éviter la stigmatisation… Il y a encore du boulot pour qu'on puisse se sentir libre de s'exprimer. » Ne pas le dire, ne pas attirer l'attention pour ne pas recevoir d'insultes homophobes, Andy Kerbrat a préféré ne pas mentionner son cas personnel, afin de ne pas faire de son infection le terreau d'une avalanche de brimades. Toutefois, il a interpellé, avec de nombreux autres élus, comme David Belliard (adjoint Les Écologistes à la Mairie de Paris) ou la maire adjointe de Marseille Michèle Rubirola, le gouvernement sur son incapacité à répondre rapidement à cette maladie et à son traitement, dans l'hémicycle et en participant à une tribune[1]. Les doses de vaccins manquaient et la communauté LGBT a dû d'abord se débrouiller seule pour organiser la prévention et la vaccination. Ce démarrage au ralenti a laissé les hommes concernés dans un état de stress important – il n'a ensuite fallu que quelques semaines pour que les doses disponibles soient suffisantes et la vaccination gratuite accessible dans tout le pays.

1. « Nous réclamons une commission d'enquête au Sénat sur le Monkeypox », *Huffpost*, 2 août 2022, https://www.huffingtonpost.fr/politique/article/nous-reclamons-une-commission-d-enquete-au-senat-sur-le-monkeypox_206088.html.

Comment évoquer ces difficultés au sein de son parti, comment faire son autocritique ? « Récemment, j'ai été approché par SOS Homophobie qui m'a proposé d'être le référent formateur au sein de La France insoumise sur les LGBTphobies, j'ai accepté. Dans mon parti, il y a des députés qui se sont construits sur un modèle viriliste, du fait de leur milieu, de leur éducation… Je pense à mon collègue Sébastien Delogu [député de Marseille] par exemple, il est essentiel que lui et les autres se forment pour aller prêcher la bonne parole dans leurs circonscriptions, on n'a pas de temps à perdre. Quand Mathilde Panot reposte du Booba sur Twitter, je pense toujours à l'homophobie de ce rappeur ; même si je n'ai aucun doute sur la sincérité et l'engagement de Mathilde qui est une alliée, je ne sais pas si c'est opportun de le valider. »

Plus de formations, plus de candidats LGBT dans les circonscriptions, etc., sur le papier, LFI semble irréprochable. Pourtant, sa puissante communicante et actuelle députée de Paris, Sophia Chikirou, a tenu des propos homophobes en 2018 (avant son arrivée à l'Assemblée nationale) dans le cadre d'une discussion avec des collaborateurs du Média[1]. L'élue a employé le terme « tafioles de merde » pour désigner des collègues en difficulté. Ce genre de discours banalise l'homo-

1. *Complément d'enquête*, France 2, octobre 2023.

phobie et en utilisant ce mot, Sophia Chikirou participe à l'amalgame entre la faiblesse et l'homosexualité. Son parti et ses collègues ont su briller par leur silence, remettant même en doute le travail journalistique de l'équipe de France 2 ou pointant du doigt d'anciens proches du parti qui souhaiteraient riposter. Circulez, il n'y a rien à voir. Pour Mathilde Panot, cheffe de file à l'Assemblée nationale : « L'homophobie n'existe pas dans [son] groupe parlementaire[1]. » Sur le tard, j'ai tout de même trouvé quelqu'un qui a accepté de revenir sur cet épisode. Danièle Obono, députée LFI proche parmi les plus proches de Jean-Luc Mélenchon, le grand chef suprême, n'a pas froid aux yeux, elle assume des prises de position « qui polarisent l'opinion, c'est le rôle d'une opposition politique surtout face à ce gouvernement de droite ». Sur l'homophobie dans son parti, elle tient le même discours que la présidente Panot : « Je n'ai jamais entendu de propos homophobes dans le groupe. En revanche, comme l'illustrent l'exemple de Sophia Chikirou ou d'autres, il y a un réel besoin de formations et de discussions sur les mots qu'on ne dit pas. Cela concerne les remarques sexistes, sur les origines et tout type de discriminations. Sophia a fait une erreur en tenant ces propos vexatoires et insultants pour les

1. Sud Radio, septembre 2023.

personnes concernées. On ne dit plus ça en 2023, et encore moins quand on est élu. » L'association SOS Homophobie a exigé des sanctions et des explications, sans réponse.

Il faut aussi rappeler la position « paradoxale », comme il aime le dire lui-même, du candidat à la présidentielle Jean-Luc Mélenchon sur la GPA. Il y a toujours été opposé, en raison du risque d'exploitation du corps des femmes. « Je ne crois pas en une GPA éthique et bénévole », assène-t-il dans les pages du magazine *Têtu*[1], peu avant la campagne de 2022. Concernant les enfants nés de GPA à l'étranger, Jean-Luc Mélenchon est pour la reconnaissance pleine de leurs droits et de ceux de leurs parents. Un avis très majoritaire chez LFI, mais un sujet de clivage avec Les Écologistes ou une partie du PS, alors qu'en janvier 2022 un sondage IFOP relève que 73 % des Français veulent son autorisation.

Chez Les Écologistes, une commission très influente

Les Écologistes concurrencent le PS en tant que premier parti à s'illustrer en faveur des droits LGBT,

1. « Mélenchon : "Une nouvelle condition humaine, non genrée, c'est inédit dans l'histoire" », *Têtu*, 19 août 2021, https://tetu.com/2021/08/19/presidentielle-2022-jean-luc-melenchon-interview-complete-magazine-tetu-ete/.

notamment à la suite de l'affaire du mariage de Bègles. C'est à l'initiative de Noël Mamère, maire de cette ville proche de Bordeaux, que le débat s'est accéléré. S'appuyant sur une lecture différente du Code civil, selon laquelle la loi française ne réservait pas explicitement le mariage aux hétérosexuels, l'écologiste a célébré le mariage de deux hommes le 5 juin 2004. Le parquet a immédiatement saisi le juge, qui a annulé le mariage en première instance, en appel et en cassation. Noël Mamère a été suspendu de ses fonctions par le ministre de l'Intérieur de l'époque, Dominique de Villepin.

Pour la patronne actuelle des Écologistes, Marine Tondelier : « On en parle depuis longtemps, c'est une bataille culturelle et historique qu'on a menée chez nous. Ce qui nous différencie des socialistes par exemple, c'est que nous n'aurions jamais laissé traîner le débat du mariage pour tous comme l'a fait François Hollande, ni laissé se propager des insultes et prospérer des associations homophobes. » Lorsque je lui fais remarquer que, dans son parti, les élus (députés, sénateurs, maires) hétérosexuels sont fortement majoritaires, malgré l'engagement profond de sa famille politique, elle se défend : « Vous choisissez les élus qui vous arrangent. Mélanie Vogel, qui est une femme lesbienne, est présidente du Parti vert européen et sénatrice. Certes, c'est toujours à améliorer, mais je ne vais pas m'excuser de ce qu'on est. »

Marine Tondelier fonde sa politique sur sa relation forte avec la commission LGBT, à la fois pour être en mesure d'être préparée à toutes les questions sur ce sujet et être force de proposition. La commission est centrale dans le parti et aucune décision concernant les LGBT ne se prend sans la consulter. Créée une première fois en 1989, puis relancée en 1995, elle se nomme officiellement la Commission nationale lesbiennes, gais, bis et trans Europe Écologie-Les Verts. Ses membres ont pour but de participer à l'élaboration du programme LGBT du parti. Lors des élections, ils prennent part à la campagne électorale, notamment par la rédaction de tracts sur les sujets communautaires comme la santé, l'accès aux droits ou le sida, ou bien l'organisation de réunions publiques ou d'auditions de candidats. Depuis quelques années, ils ont une approche conjointe des sujets avec notamment la commission Féminisme du parti. « Sous l'influence de l'affaire Denis Baupin, du mouvement #Metoo et d'une grille de lecture plus intersectionnelle des thématiques, la convergence des débats et des actions avec la commission Féminisme du parti se fait plus patente », explique Maxime Crosnier, l'un des membres. Ces hommes et femmes sont les éminences gays très visibles du parti, ils font en sorte qu'il soit toujours représenté dans divers événements (Marche des fiertés, Existransinter, Pride des banlieues, etc.).

La visibilisation des luttes LGBT est un « enjeu politique » selon David Belliard, pour qui son parti se doit « de travailler là-dessus, car on a encore tendance à voir des personnes LGBT reléguées aux tâches internes et administratives au sein des commissions ou des bureaux politiques. On a quelques incarnations comme Alice Coffin ou Mélanie Vogel, mais on manque d'élus de premier plan et ça, c'est l'urgence. Pour moi, c'est à nous d'être irréprochables là-dessus, nous péchons par paresse et nous sommes tous d'accord pour dire qu'on ne fait pas assez collectivement ». L'élu vert parisien tire ce constat sur son parti, pourtant considéré comme moteur sur le sujet ainsi que le rappelle sa présidente. Pour sa grande interview à *Têtu* avant son accession à la tête des Verts, Marine Tondelier a travaillé avec Mélissa Camara (élue Les Écologistes du Nord et lesbienne) et la commission LGBT de son parti. Elles ont revu les sujets un à un et ont conseillé la cheffe des Écologistes sur les droits à mettre en avant et les bons mots à employer. Un passage obligé pour elle, le faire sans eux aurait été un affront pour ces militants très impliqués et un risque de confisquer leur parole.

« Faites mieux[1] »

Dans notre sondage IFOP/Fayard, les personnalités de gauche mentionnées ne sortent pas dans les premiers du classement. Constat paradoxal : malgré leur fort engagement sur le sujet, ça n'imprime pas chez certains Français. La question posée visait à comprendre quelle personnalité représentait le mieux le combat pour les droits LGBT dans la société. Le candidat à la précédente présidentielle Jean-Luc Mélenchon arrive en tête des personnes sondées parmi les personnalités de gauche proposées, pour 24 % des Français interrogés, il est le politique le plus investi malgré sa discrétion médiatique à ce sujet depuis 2022. À la deuxième place, on trouve la députée écologiste du XIIIe arrondissement de Paris Sandrine Rousseau, pour 22 % des personnes sondées, elle est une alliée de la cause. Très proche de la militante lesbienne Alice Coffin, qui l'a conseillée dans ses dernières campagnes politiques, elle incarne pour beaucoup de femmes lesbiennes l'occasion de parler enfin de leurs droits et signe des prises de position courageuses sur la situation des LGBT en France. Lors de la dernière Coupe du monde de football au Qatar en 2022, elle s'était illustrée en interpellant les joueurs sur leur silence : « L'équipe de France

1. Référence à l'ouvrage de Jean-Luc Mélenchon, *Faites mieux ! Vers la révolution citoyenne*, Paris, Robert Laffont, 2023.

ne fait pas preuve de courage dans cette Coupe du monde. » Selon elle, la sélection française est l'une des moins mobilisées et engagées pour soutenir la cause LGBT et les droits de l'homme bafoués sur le sol qatari, allant jusqu'à dire qu'« ils sont pleutres[1] ». En troisième position, l'on retrouve François Ruffin qui a pour 19 % des personnes sondées, un bon positionnement sur les questions LGBT. Le député de la Somme le reconnaît, il lui reste encore beaucoup à apprendre sur le sujet : « En toute humilité, je dois progresser. Du pacs au mariage pour tous, la société française a avancé sur les droits des personnes LGBT+, elle est mûre pour le faire encore, pour combler les manques[2]. » Pour la députée LFI Danièle Obono, « on a peut-être abandonné le terrain de la conquête des droits pour les personnes LGBT. Je le reconnais, on n'en fait pas assez. C'est pour ça que j'ai demandé expressément qu'on se remette au même niveau qu'en 2017, au moment de la PMA et de notre arrivée à l'Assemblée nationale. Je pense qu'il faut rapidement qu'on soit présents, notamment pour défendre les droits des personnes trans ».

Mais malgré toutes les bonnes volontés des partis politiques de gauche, il reste encore un grand travail

1. France Info, 28 novembre 2022.
2. Twitter, 2 juin 2023.

de visibilisation des gays, lesbiennes et des personnes trans, notamment dans le choix des candidats investis dans les circonscriptions populaires que LFI a raflées avec des scores gigantesques. Il y a un vrai travail à faire sur les profils au niveau local, talon d'Achille de cette formation politique qui ne dirige encore aucune ville. « On n'aurait aucun problème à mettre dans le 93 ou dans n'importe quelle circo populaire un militant LFI LGBT. Dans ma circonscription par exemple, j'ai un super militant qui, je pense, fera un très beau parcours politique et qui est racisé et LGBT, il a toutes ses chances. Ce serait un faux procès de nous dire que c'est un sujet chez nous », explique Clémentine Autain. Un candidat à la prochaine présidentielle offensif sur ces questions dans les zones rurales et les quartiers populaires aidera à la visibilité des LGBT.

Le temps viendra à gauche et chez les Écologistes de débattre du fond de propositions qui sont encore trop peu en lien avec la réalité des familles et des personnes LGBT, que ce soit sur la GPA ou l'accès aux droits des personnes trans. Un programme à améliorer, donc, qui n'empêche pas de constater que toutes les nouvelles revendications de la communauté LGBT sont principalement portées politiquement par la gauche.

Chapitre 8

La droite perd des plumes

Une droite léthargique

« Je n'ai aucun regret d'avoir quitté la politique en 2012, sauf sans doute celui de n'avoir pas pu participer au débat sur le mariage pour tous. J'aurais pu apporter, dans ma famille politique traditionnelle – même si je l'avais quittée à ce moment-là –, un peu d'humanité et de sang-froid, y contrebalancer les excès… » Roselyne Bachelot a vu sa droite sombrer en 2012. Gaulliste et ministre sous Jacques Chirac puis Nicolas Sarkozy, elle a toujours été une ardente militante du mariage pour tous. Elle s'est retrouvée la seule femme à droite à porter ce discours d'ouverture. Une position qui lui a valu à l'époque du pacs menaces et intimidations au sein de son propre parti : « On m'avait retiré la présidence du groupe à l'Assemblée au moment du passage du pacs, j'ai trouvé ça minable. Ça ne m'a pas calmée d'ailleurs, j'ai poursuivi mes engagements et conservé ma liberté d'expression jusqu'à aujourd'hui. »

La mémoire est courte dans la vie politique mais les archives restent. Au sein du parti Les Républicains, on se souvient de Valérie Pécresse – qui avait défilé aux côtés des anti-mariage pour tous – proposant, sur sa liste de conseillers pour l'Île-de-France dans le cadre des régionales de 2015, six membres du mouvement anti-mariage pour tous en position d'éligibilité ; mais aussi des 31 candidats dans les listes régionales, comme dans les Pays de la Loire avec Bruno Retailleau ou en Auvergne-Rhône-Alpes avec Laurent Wauquiez. Une droite qui ne rassemble plus tous les points de vue et qui tourne le dos à la tempérance des années Chirac sur les sujets de société. À partir de 2015, elle vit des divisions qui provoqueront une fuite irrémédiable des progressistes – ou de ceux qui ont compris qu'être contre le mariage pour tous n'est pas un argument de vote pour les Français – vers le centre.

Membre de l'UMP en 2013, Bruno Le Maire avait, tout comme Édouard Philippe, préféré s'abstenir plutôt que voter contre le mariage pour tous. Il a souhaité malgré tout justifier sa position et expliquer la crispation qui régnait au sein du peuple de droite : « Face à la crise et faute de destin collectif, beaucoup de gens s'accrochent au mariage, vécu comme un élément d'identité, et à la famille, vécue comme une cellule protectrice, ils ressentent le mariage des homosexuels comme une menace sur ces derniers repères. La crispation est encore plus forte chez les catholiques, qui y voient une véritable agression contre leurs valeurs[1]. »

Le « repenti »

Lorsque Mounir Mahjoubi est nommé secrétaire d'État au Numérique peu après l'élection d'Emmanuel Macron, il côtoie au gouvernement un transfuge de la droite : Gérald Darmanin. Ce dernier, député du Nord depuis 2012 et candidat à la mairie de Tourcoing pour les élections de 2014, s'est opposé frontalement à la loi Taubira. Dans ses tweets de janvier 2013, il écrivait : « Il convient donc de rappeler que la loi pour le mariage homosexuel n'oblige pas les maires à célébrer les mariages personnellement. Si je suis maire de Tourcoing, je ne célébrerai pas personnellement de mariages entre deux hommes et deux femmes. »

1. *Le Monde*, 10 janvier 2013.

Pour l'ancien directeur de la campagne numérique d'Emmanuel Macron, il était impensable d'évoluer quotidiennement avec Gérald Darmanin sans s'expliquer à ce sujet, en face à face, loin des caméras. « Quand mon parcours politique a fait que certains de ces opposants au mariage pour tous sont arrivés dans ma vie, ç'a été le premier sujet que j'ai voulu aborder avec eux. J'avais besoin d'entendre qu'ils regrettaient, qu'ils le disent haut et fort et qu'ils le disent publiquement. Il n'y a pas de secret, c'est le cas de Gérald Darmanin. On a pris un petit déjeuner ensemble, la première semaine de mon arrivée au gouvernement, je lui ai demandé ce qu'il pensait vraiment du sujet. Et il m'a dit qu'il regrettait. Il l'a ensuite déclaré dans la presse de manière assez fluide. Il revenait sur ce qu'il avait déclaré, insistant sur le fait qu'il l'avait fait à l'époque dans un certain contexte, mais qu'aujourd'hui, il soutient la majorité dans ses combats pour l'accès au progrès des personnes LGBT. »

Denis Quinqueton, codirecteur de l'Observatoire LGBTI+ de la Fondation Jean-Jaurès, est moins compréhensif au micro de France Inter[1] : « Les

---

1. Matinale du 21 avril 2023 en l'honneur des dix ans du mariage pour tous, https://www.youtube.com/watch?v=k0JD4urp8Ys.

remords tardifs [de Gérald Darmanin], c'est bien, mais on s'en fout. C'est un homme politique. C'est sur le moment qu'on se positionne. Et il l'a fait de façon très démagogique : il n'était pas maire de Tourcoing. Il aspirait à l'être. Et c'est probablement pour glaner quelques voix qu'il a jeté en pâture les personnes LGBT et les familles homoparentales qui existaient déjà à l'époque. » Gérald Darmanin a refusé de revenir sur cette période de sa vie politique et de son ancien parti, malgré mes sollicitations. Il en est ainsi également de Valérie Pécresse, de Roger Karoutchi, pourtant seul sénateur LR homosexuel et *out*, ou encore d'Éric Ciotti, actuel président du parti. Aucun d'entre eux n'a souhaité évoquer ce moment politique, les interrogations qu'il a suscitées et l'impact sur Les Républicains d'aujourd'hui. Des convictions camouflées au cours du temps ou la peur de devoir reconnaître qu'ils ont agi par pur calcul politique, quitte à mettre en danger et à heurter des milliers de personnes LGBT qui n'avaient rien demandé ? Nous ne le saurons pas.

Certains communicants ou conseillers ont tenté de m'expliquer que c'était du passé et que leurs poulains s'étaient depuis exprimés ou illustrés dans des projets d'ouverture, mais sans mettre la lumière sur leurs agissements d'alors. C'est le cas de l'entourage de la présidente de la région Île-de-France, Valérie Pécresse. Dès le début de l'écriture de ce chapitre, je l'ai sollicitée, mais je n'ai essuyé que des refus de la part de ses conseillers… qui ont néanmoins insisté de nouveau, au cours d'une longue conversation, sur le fait qu'elle avait évolué depuis 2013, notamment à travers ses actions au quotidien dans sa Région. La taxer d'homophobie reviendrait à faire le jeu du discours du gouvernement actuel dans le but de déstabiliser la femme politique, une telle démarche comportant une part de sexisme d'après eux. Malheureusement, en gardant le silence sur le passé, elle continue à entretenir l'image de la Valérie Pécresse de 2013, défilant avec La Manif pour tous.

En privé pourtant, on m'a confié que certains politiques de droite regrettaient amèrement leurs prises de position ou leur absence de soutien. Parmi ceux qui ont refusé de me répondre, certains ont organisé au même moment leur plan de communication lors des dix ans du mariage pour tous : le mot d'ordre était regret et autoflagellation, comme pour prévenir toute potentielle attaque. Pourquoi ne pas reconnaître médiatiquement et publiquement que c'était une erreur ? Ou un simple coup politique ? En gardant le silence sur l'existence de ce passé, toute prise de position tolérante est accueillie avec défiance de la part des LGBT qui se sont battus et ont soutenu l'avancée des droits sous les regards haineux de la droite de l'époque. Pourquoi ne pas accepter un échange avec la presse communautaire ou un débat d'idées pour justement sortir de l'exercice promotionnel ? Le monde politique doit être à l'initiative d'un travail d'ouverture et d'acceptation de la critique sur les dix dernières années.

On s'en lave les mains

Lors du suicide du jeune Lucas à Épinal, en janvier 2023, Valérie Pécresse comme de nombreux politiques se sont émus de son décès. Les associations LGBT et autres opposants politiques en ont profité pour rappeler à la présidente de la Région francilienne son affichage avec les soutiens de La Manif pour tous, ce qui laisse son ancienne collègue UMP Roselyne Bachelot circonspecte : « Bien évidemment, la question ne se pose pas, elle a commis une erreur. Il y a toutes ces personnes qui l'ont fait qui essaient maintenant de se dépatouiller de cette affaire [elle mime un lavage de mains en disant ça] qui leur englue les mains. Là aussi, ils ont été obligés d'aller à Canossa, de se rendre compte qu'ils se sont trompés. Valérie Pécresse tente avec beaucoup de difficulté de faire oublier ses actes. Heureusement que la mémoire est oublieuse, comme disait Jules Supervielle[1]. Maintenant, avec les réseaux sociaux, les enregistrements, etc., on se dépatouille très difficilement de ses prises de position antérieures. Ils sont obligés d'avoir des remises en cause assez piteuses. »

Mounir Mahjoubi reste aussi intransigeant lorsqu'on lui parle de la présidente de la Région Île-de-France et pointe du doigt son opportunisme politique : « Politiquement, moi, je préfère discuter avec des conservateurs qui, eux, sont dans une réaction logique compte tenu de leurs convictions religieuses, plutôt qu'avec des cyniques et calculateurs politiques. Valérie Pécresse s'est totalement discréditée à ce moment-là et c'est pour ça qu'elle a perdu de façon humiliante. Soit elle est la droite libérale moderne, non conservatrice et elle a un avenir, soit elle est la droite conservatrice, elle l'assume et elle ne retourne pas sa veste. Elle a fait un pas de chaque côté ces quinze dernières années, résultat, elle n'est nulle part. Elle s'est fourvoyée dans l'hypocrisie absolue et le conservatisme bête,

1. Écrivain et poète français (1884-1960), il a publié *Oublieuse mémoire*, un recueil de poèmes, aux éditions Gallimard en 1940.

car elle n'est pas allée chercher son conservatisme au fond de ses tripes. »

Parfois, même quand on pense surfer sur la vague conservatrice en niant l'importance du combat pour les droits LGBT, on se prend un retour de bâton politique, c'est le cas de François Fillon (favori de l'élection de 2017) ou encore de Valérie Pécresse qui finira la campagne présidentielle de 2022 à 5 %. La droite de 2013 a complètement volé en éclats depuis le passage de la loi Taubira. Dix ans plus tard, une partie d'entre elle semble encombrée par ces interventions. Une enquête de *Numerama*[1] avait d'ailleurs signalé, durant les élections régionales de 2021, que des candidats de droite ont retiré toutes les références sur leur position anti-mariage de leur page Wikipédia. Par exemple chez Valérie Pécresse, le 6 mars 2021, c'est l'intégralité de la partie dédiée à son engagement à l'encontre du mariage pour tous qui est masquée – puis remise en ligne par un contributeur minutieux. Difficile pour ces figures de la droite époque UMP d'assumer qu'elles ont raisonné par opportunisme politique. Elles pensaient garantir leur élection par l'entremise de ces Français qui s'opposaient en battant le pavé,

1. « Comment les politiques caviardent leurs pages Wikipédia en amont des élections régionales ? », avril 2021.

une telle mobilisation devait forcément se répercuter dans les urnes.

2017 : Fillon, le come-back de La Manif pour tous

« Un jour je te décevrai et ce jour-là, j'aurais besoin de toi[1] », c'est par ce clin d'œil que Roselyne Bachelot répond lorsque je l'interroge sur la campagne de François Fillon en 2017, et son flirt avec La Manif pour tous et Sens commun. Elle était là, pas totalement disparue, la droite traditionaliste qui attendait que l'on souffle sur ses braises pour être ravivée. Et le cracheur de feu s'appelle François Fillon, ancien Premier ministre de Nicolas Sarkozy, marié et père de trois enfants. Il représente une certaine France qui n'apprécie pas qu'on vienne questionner les valeurs familiales. Cette frange de la droite qui considère l'homosexualité comme contre nature et pour qui aucune entreprise de légitimation n'est recevable. L'accès des personnes LGBT au mariage et à l'adoption marque un affront à son idée du foyer.

En 2017, lors de la campagne pour l'élection présidentielle, il recrute pour former sa garde rappro-

1. Robert Desnos.

chée : le maestro s'appelle Patrick Stefanini, vieux routier de la droite RPR, catholique pratiquant qu'on retrouvera comme directeur de campagne de Valérie Pécresse lors de l'élection présidentielle de 2022 ; son adjoint (qui soutenait le candidat malheureux Bruno Le Maire) se nomme Sébastien Lecornu, désormais ministre des Armées, témoin de mariage de Gérald Darmanin passé comme lui chez Macron pour incarner l'aile droite du gouvernement. Il s'était fait remarquer pour avoir déclaré que « le mariage est dans nos sociétés la base de la construction de la famille. Et une famille se construit entre un homme et une femme… », dans une interview à *Vernon politique*[1] – article depuis supprimé, ou encore que « le communautarisme gay m'exaspère autant que l'homophobie[2] ». Serait-il important de faire le ménage quand on est dans un gouvernement *gay friendly* ? Pour parachever la campagne de l'homme de la Sarthe, on choisit

1. Contacté à plusieurs reprises, Sébastien Lecornu n'a pas souhaité répondre à mes questions. On peut retrouver la citation dans l'article de Clémence Apetogbor, « Mariage pour tous : ces hommes et femmes politiques hostiles à la loi qui ont changé d'avis », *Le Monde*, 21 avril 2023.
2. Salomé Vincendon, « "Nous n'acceptons pas les excuses de Mme Cayeux" : des associations LGBT veulent la démission de la ministre », BFMTV, 22 juillet 2022.

quelques soutiens encombrants des transfuges de La Manif pour tous comme Ludovine de La Rochère ou Frigide Barjot.

Dans son programme, François Fillon est plus qu'hostile à l'ouverture de la PMA aux lesbiennes et aux hommes trans. Il promet de modifier les dispositions de la loi Taubira relatives à la filiation afin d'empêcher l'adoption plénière par deux personnes de même sexe. Interrogé par Jean-Pierre Elkabbach sur Europe 1 le 10 octobre 2016, le candidat rappelle qu'il n'a « jamais changé d'avis sur ces questions de société », et le soutien de Sens commun est naturel car il reflète le plus « leurs valeurs ». Ce ralliement est authentique : François Fillon gagne un réseau étendu et l'engagement de neuf mille adhérents. Les bases sont posées, son programme pour les droits LGBT tient en trois points : réserver l'adoption plénière aux couples hétérosexuels, limiter l'accès à la PMA aux couples stériles et interdire la gestation pour autrui – qui n'est pourtant pas autorisée. Le candidat souhaite que « la filiation ne soit établie de manière exclusive qu'à l'égard de deux parents de sexe différent », dans ses propositions pour la famille. Pour lui, les revendications des personnes LGBT et les difficultés qu'elles vivent au quotidien n'existent pas ou du moins ne sont pas assez importantes pour en faire une proposition sur des centaines dans un programme. Circulez, il n'y a rien à voir.

Revenir sur la loi Taubira ? Il est impossible d'un point de vue juridique de mettre fin aux mariages célébrés, depuis 2013, entre personnes de même sexe et encore moins de revenir sur les adoptions à la suite des unions. Le Parlement pourrait détricoter ce qu'un autre parlement a fait, mais le Conseil constitutionnel bloquerait. Il n'y a jamais eu de retour en arrière sur les réformes de société, comme le droit à l'avortement ou l'abrogation de la peine de mort. Mais si François Fillon est élu président, il pourra tout faire pour la rendre de plus en plus difficile à appliquer, c'est en tout cas ce qu'il laisse croire à son public. Tout au long de sa vie politique, il a été un adversaire à l'avancée des droits LGBT, son CV en témoigne : il vote contre la dépénalisation de l'homosexualité en 1982 sans éprouver le moindre regret, il s'oppose au pacs en 1998 puis au mariage pour tous en 2013.

L'affaire Pénélope Fillon a eu raison du candidat des Républicains. Malgré les révélations, 7,2 millions de Français lui ont accordé leur confiance au premier tour, ne l'empêchant pas de sortir par la petite porte, échouant à la troisième place. Il quitte définitivement la vie politique, sans jamais revenir sur son instrumentalisation de La Manif pour tous et en laissant un ressenti sur ces questions qui ira nourrir la droite et l'extrême droite.

À la droite de la droite

Pour l'essayiste et journaliste Caroline Fourest, La Manif pour tous aura eu l'effet de radicaliser une partie de la droite dite républicaine : « C'est tout de même La Manif pour tous qui relance Laurent Wauquiez et fait émerger des figures polémistes un peu comme aux États-Unis, c'est-à-dire des politiques qui s'appuient sur le noyau dur, radical, catholique et donc identitaire, pour essayer de percer au sein de la droite de leur parti. À partir du moment où vous avez des primaires pour désigner un candidat dans un parti politique, vous avez besoin de réseaux organisés pour faire la différence lors du vote interne. Et La Manif pour tous est venue apporter ces possibilités. C'est la combinaison des deux qui a relancé une droite catholique qui n'existait quasiment plus en France politiquement et qui aujourd'hui pèse sur les Républicains. »

À l'instar du dernier vote interne au parti – qui a mis sur le devant de la scène une personnalité comme Éric Ciotti, à la ligne de droite dure, libérale économiquement et qui assume des propositions radicales sur l'immigration et la sécurité, ou Laurent

Wauquiez comme des candidats providentiels pour 2027 –, la droite a bien changé depuis 2013. « Aujourd'hui, tous les membres qui comptent de LR et qui sont visibles comme Ciotti, Retailleau, Bellamy, Wauquiez sont issus de cette opposition catholique à l'égalité des droits et au changement de genre. Ils viennent d'une droite catholique qui s'est manifestée par le refus de l'égalité des droits et qui restera crispée sur sa vision de la famille », note Caroline Fourest.

Depuis 2013, si La Manif pour tous telle qu'elle s'est constituée a disparu, il n'y a eu aucune évolution notable de la part des Républicains concernant les droits LGBT, hormis la crispation. Les membres les plus véhéments ont trouvé de nouveaux combats comme l'éducation sexuelle ou les personnes trans. Pire, LR n'a rien fait pour que, dans les votes ou prises de parole, des mesures existent, votant en décembre 2021 contre l'interdiction des thérapies de conversion au Sénat – la loi, portée par Laurence Vanceunebrock[1], a pourtant recueilli l'unanimité à l'Assemblée nationale, et sera adoptée malgré les oppositions par le Sénat ensuite. Récemment, la Sénat a entériné la responsabilité de l'État français

1. Voir chapitre 5 « Femme lesbienne en politique : la double peine ».

dans les condamnations pour homosexualité qui ont eu cours entre 1942 et 1982. La droite a toutefois obtenu que les anciens condamnés ne reçoivent pas de réparation financière. C'est comme si ses représentants étaient restés bloqués en 2013 et qu'ils n'avaient pas pris en compte les changements sociétaux qui ont eu cours.

Les politiques estimant que Les Républicains n'incarnaient plus assez leurs valeurs sont aussi allés grossir les rangs du Rassemblement national ou du néo-parti Reconquête d'Éric Zemmour, rejoint ensuite par Marion Maréchal. Considérés comme des prises de guerre par l'extrême droite, les opposants farouches au mariage pour tous ont pu retrouver une ferveur de ce côté de l'échiquier politique, comme Thierry Mariani, ancien de l'UMP et aujourd'hui député européen du RN, et un nouveau terrain de jeu réactionnaire avec les réseaux sociaux, où ils peuvent déverser leur haine en toute impunité.

Leur nouveau cheval de bataille est l'école et la théorie du genre, qu'ils se font un malin plaisir d'utiliser à tort et à travers pour mélanger homosexualité et transition de genre. « Vous avez vu que la mode aujourd'hui, ce n'est plus les gays, ce n'est plus les lesbiennes, maintenant c'est les transsexuels [...]. Bloquer la puberté des gens, faire des expériences sur des enfants [...]. Ils ne se rendent pas compte, c'est criminel! » accuse Éric Zemmour sur les plateaux de CNews le 31 mai 2021. À travers ces propos, il prétend que d'une « question » ou « phénomène de mode » gay, on est passé à une « question » trans. L'association de la transition de genre à une expérience de laboratoire, au « détournement » d'une jeune population pensée uniquement comme hétéro, surfant sur l'idée transphobe qui assimile les personnes trans à des bêtes de foire, ainsi que la prétendue complicité de l'État dans ce « processus » sont les nouveaux paramètres d'attaque des réactionnaires. Sur une chaîne d'info en continu, tenir des propos pareils, c'est être sûr que cela sera entendu – en cela, peu a changé depuis La Manif pour tous qui utilisait les mêmes codes.

Dans le parti qui se définit comme d'une droite républicaine, la plupart des personnalités politiques plus ouvertes d'esprit sur la question de l'orientation sexuelle sont parties : de Roselyne Bachelot à Nathalie Kosciusko-Morizet; certaines, comme Bruno Le Maire, ont préféré rejoindre la majorité présidentielle, où les questions sociétales sont appréhendées avec moins de conservatisme.

Chapitre 9

Emmanuel Macron : président préféré des LGBT ?

« Ces gens-là »

« Ça reste pour moi la preuve d'un manque de discernement que de recruter des ministres issus de La Manif pour tous ou de leurs soutiens pour former son gouvernement, comme Caroline Cayeux ou Christophe Béchu », avance Caroline Fourest. Et pourtant le président n'a pas hésité à faire, dès les premiers jours de sa réélection en 2022, une grande place aux nouveaux transfuges des Républicains.

Le caillou dans la chaussure s'appelle Caroline Cayeux. Née en 1948 dans le XVIe arrondissement parisien, son père est patron d'un groupe pharmaceutique, sa mère héritière d'une famille d'industriels et de politiques. Aujourd'hui grand-mère de neuf petits-enfants, elle est remariée à un amateur de chasse, millionnaire. Dans les années 1980, elle prend sa carte au RPR sur un coup de tête, en réaction éruptive à la victoire de François Mitterrand à la présidentielle. Elle fait ses armes dans l'Oise en tant que conseillère régionale, élue municipale et figure de l'UMP dans le département. Élue sénatrice de 2011 à 2017, elle ne vote pas le projet de loi ouvrant le mariage aux couples de même sexe.

Elle prend la parole au moment du passage de la loi au Sénat pour donner son avis sur le gouvernement du président François Hollande et la gestion de ces mobilisations : « Les Français n'ont qu'une seule revendication : que ce débat ne leur soit pas confisqué, notamment par des organisations qui se disent représentatives de communautés », lance-t-elle ainsi en avril 2013. « Car non seulement ces organisations ne sont pas représentatives, mais surtout elles ne sont pas légitimes, puisque les communautés en question n'ont aucunement besoin d'être reconnues par l'État. Notre démocratie est-elle si malade que, pour nous donner bonne conscience, pour pouvoir ignorer la crise sociale, nous saupoudrons quelques communautés d'avantages non justifiés ? »

Soutien infaillible de François Fillon à toutes les échéances politiques où il candidate, elle va même jusqu'à organiser des réunions publiques dans son fief avec les militants de Sens commun et de La Manif pour tous. Elle souhaite les convaincre de voter pour son candidat en 2017. Ayant accepté de répondre à mes questions par écrit, elle précise qu'elle n'a néanmoins jamais été adhérente de La Manif pour tous. Elle quitte Les Républicains en 2018, lorsque les fillonistes se retrouvent à bout de souffle et sans chef. A posteriori, elle se justifie : « J'appartenais à une famille politique qui, je le mesure pleinement aujourd'hui, est très rétrograde sur ces questions d'union. Je précise d'ailleurs qu'ayant achevé mon mandat de sénateur (*sic*), je n'ai pas repris ma carte chez Les Républicains, n'étant plus en adéquation avec la ligne politique trop conservatrice de mon parti. J'appartiens à la droite gaulliste, qui est sociale et humaniste et fait preuve d'ouverture sur le plan sociétal. Et évidemment, avec le recul, il est clair que je voterais aujourd'hui sans aucune ambiguïté le texte autorisant le mariage pour tous car il n'y a rien de plus beau que de permettre à chacun de vivre pleinement ses sentiments et d'être protégé par le droit de notre Constitution. »

Il n'empêche : le passé et les propos publics de Caroline Cayeux sont connus de tous en 2022, y compris du président Macron et de ses proches conseillers. Ses précédentes fonctions importantes au Sénat, à l'association d'élus Villes de France et dans d'autres lieux de pouvoir locaux ont néanmoins paru des arguments supérieurs pour son entrée dans le gouvernement, la politique avant tout.

« Je maintiens évidemment mes propos, mais j'ai toujours dit que la loi, si elle était votée, je l'appliquerais. J'ai beaucoup d'amis parmi tous ces gens-là. C'est un mauvais procès qu'on me fait et ça m'a beaucoup contrariée[1]. » Ces phrases prononcées par la toute nouvelle ministre provoquent l'ire d'une partie de la classe politique : « Elle ne dit pas : "J'ai fait ça et je regrette", elle continue à tenir des propos homophobes alors même qu'elle est encore au gouvernement. Et elle ne part même pas à cause de ça! Elle part parce qu'elle a oublié de déclarer des milliers d'euros. Il n'y a rien à sauver », pour Marine Tondelier, cheffe de file des Écologistes.

Clément Beaune s'est senti bien seul au gouvernement lorsqu'il a décidé de s'opposer publiquement, mais, heurté personnellement, il ne pouvait pas se taire : « Je suis "sorti" sur Cayeux, car en tant qu'homosexuel, je ne supportais pas qu'on puisse penser que le gouvernement dans lequel j'étais n'était pas clair sur les droits LGBT. J'étais le seul à prendre parti contre ces propos. Quand j'ai tapé sur elle en plateau, je l'ai appelée juste après.

1. Public Sénat, 12 juillet 2022.

J'avais fait exprès de le dire avec élégance, je crois avec un peu de nuance. Ce qui aurait pu être une faute, en revanche, c'est de ne rien dire et de ne pas condamner. »

François Hollande commente de son côté l'épisode du désastreux rétropédalage de Caroline Cayeux avec humour : « C'est comme Nadine Morano avec son amie noire, elle aurait mieux fait de s'excuser et c'est tout. » Le mal est fait, la sémantique utilisée pour se justifier de propos et d'actes homophobes a excédé associations et politiques homosexuels. Afin que justice soit faite, cinq associations, dont SOS Homophobie, portent plainte contre elle – plainte classée sans suite, mais pour les militants, il importait de marquer le coup et de ne pas légitimer de tels propos dans la sphère publique. Sur cette sortie de piste médiatique, Caroline Cayeux me répond par écrit : « Je tiens à redire encore à quel point je regrette et m'excuse à nouveau pour l'emploi de cette expression et à réaffirmer que l'orientation sexuelle des personnes n'a jamais influencé mes choix ou mes décisions. J'ai eu et j'ai encore parmi mes collaborateurs, dans mes équipes municipale et communautaire, des femmes et des hommes de très grande qualité appartenant à la communauté LGBT, sans compter les amis personnels dont je suis très proche. Je ne suis pas homophobe et, d'ailleurs, je n'ai jamais été condamnée pour quelque propos homophobe que ce soit. »

Maintenue au gouvernement, Caroline Cayeux ne doit sa chute qu'à la Haute Autorité pour la transparence de la vie publique : elle est épinglée pour avoir sous-évalué des millions d'euros de patrimoine[1]. Elle parlera par la voix de ses avocats d'« acharnement » de la part de l'autorité de contrôle[2].

Depuis son départ, aucun acte ni aucun geste public prouvant la bonne foi de Caroline Cayeux et son engagement à évoluer n'a émergé publiquement : pas de rencontres avec les associations, pas d'actions militantes pour lutter contre les discriminations LGBT, pas de retour officiel sur cet épisode. Elle se fait discrète, a rendu son mandat de maire en 2022, se consacre à sa vie de famille tout en conservant son ancrage local à Beauvais en tant que présidente de l'agglomération. Elle a jugé opportun de répondre à mes questions de façon très claire, actant son acceptation du mariage pour

1. « Situation de Mme Caroline Cayeux : la Haute Autorité avise le procureur de la République », Haute Autorité pour la transparence de la vie publique, 29 nov. 2022, https://www.hatvp.fr/presse/13380/.

2. Communiqué de presse des avocats de Caroline Cayeux, novembre 2022.

tous. L'exemple de cette femme politique est néanmoins révélateur d'une certaine volonté du camp présidentiel de gouverner avec sa droite, quitte à mettre en danger son positionnement censé plus ouvert sur la société.

Il en pense quoi, le président? L'affichage LGBT

Le macronisme est-il donc vraiment *gay friendly*? Dans notre sondage IFOP/Fayard, Emmanuel Macron se place largement en tête des personnalités politiques considérées comme œuvrant le plus à la lutte contre les discriminations LGBTphobes : 31 % des Français sondés pensent que, depuis 2017, le président prend bien sa part dans cette lutte. Mais quelles sont ses politiques concrètes? Depuis sa réélection en 2022, 10 millions d'euros ont été alloués pour accentuer et pérenniser le soutien aux centres LGBT+, cofinançant l'ouverture de dix nouveaux centres d'accueil et d'accompagnement d'ici à 2027. Lors du précédent quinquennat, des progrès comme l'ouverture de l'accès à la PMA, l'autorisation pour les personnes homosexuelles de donner leur sang et l'interdiction des thérapies de conversion sont à mettre à son actif. Il existe au sommet de l'État une ambition affichée de faire plus.

On peut aussi constater que quatre membres du gouvernement sont ouvertement LGBT : Olivier Dussopt, Sarah El Haïry, Clément Beaune et Gabriel Attal. Même s'ils n'ont en aucun cas été choisis en raison de leur orientation sexuelle, ils ont (à l'exception de Gabriel Attal dont l'homosexualité a été révélée contre son gré dans un livre[1]) réalisé leurs *coming out* lorsqu'ils étaient au gouvernement, souvent avec le soutien du président. Enfin, l'invitation du couple présidentiel faite à Kiddy Smile pour la fête de la musique en 2021 marque les esprits : le t-shirt de l'artiste, « Noir, pédé et fils d'immigré », dans les jardins de l'Élysée, c'est tout un symbole pour des milliers de jeunes LGBT.

Malgré tous ces signes, l'opposition n'est pas satisfaite; pour la députée (LFI) Clémentine Autain : « Emmanuel Macron est loin d'être un président qui fait des choses pour les LGBT. Je pense que maintenant, il faut passer de la reconnaissance juridique légale à des faits, que ce qu'on a réussi à conquérir donne le droit à une réalité concrète, ça passe en effet par l'éducation, la prévention, des moyens dans la justice, la police. Un travail qui repose sur de l'hu-

1. En 2018, l'avocat et activiste Juan Branco dévoile dans *Crépuscule* (Au diable vauvert) l'homosexualité de son ancien camarade de collège Gabriel Attal.

main, sur des politiques publiques. Tout le contraire de ce que nous propose le président qui casse le service public de jour en jour, vu que, pour lui, il faut sans arrêt réduire la voilure, ça ne rentre pas dans la case. »

Le président Macron et son entourage sont habiles en coups politico-médiatiques. En pleine campagne présidentielle de 2017, le magazine iconique de la communauté LGBT *Têtu* fait son grand retour dans les kiosques après un an et demi d'absence, et s'offre pour l'occasion une interview exclusive du candidat. Une parole qui tombe à point nommé puisque la semaine précédant la parution du journal, Emmanuel Macron avait fait polémique en parlant de l'« humiliation[1] » subie selon lui par les opposants au mariage pour tous, avant de déclarer quelques heures plus tard que la communauté LGBT « trouverait toujours en lui un défenseur[2] ». Sur la reconnaissance des enfants nés d'une gestation pour autrui (GPA, toujours prohibée en France), Emmanuel Macron fait la distinction entre celles conduites en France et celles conduites à l'étranger : « Je ne suis pas favorable à autoriser la GPA en France [...], ce sujet soulève un débat philosophique sur la capacité à

1. *Têtu*, mars 2017.
2. *Ibid.*

disposer de son corps et à en faire profit. À mes yeux, c'est un débat impossible à trancher. »

Rebelote en 2022, toujours dans les pages de *Têtu*, à quelques jours du scrutin, la même opération séduction est mise en œuvre. Comme le précise le magazine, cette interview est le fruit de nombreuses sollicitations vaines, d'un entretien fait à la va-vite et seulement rendu possible en raison de l'agacement des journalistes de *Têtu* de constater l'absence des questions LGBT dans l'agenda du candidat en campagne[1]. Il répond à quelques questions écrites pour éteindre une polémique lancée quelques semaines auparavant. Il avait déclaré sur Brut en avril 2022 qu'il n'était pas favorable à ce que les questions d'orientation sexuelle et d'identité de genre soient abordées à l'école primaire et au collège, position que défendent également la droite et l'extrême droite. Acculé par les questions de *Têtu*, Emmanuel Macron finit par faire marche arrière comme en 2017 sur le mariage pour tous, en affirmant que « l'école a un rôle clef à jouer dans la lutte contre les préjugés et les discriminations envers les personnes lesbiennes, gays, bis, trans ».

Et depuis ? Le président est resté discret. On ne peut pas nier qu'il y a eu des avancées pendant son quinquennat, mais tout s'est passé sans vraie incar-

1. *Têtu*, 20 avril 2022

nation. « De toute façon, je pense que le président Macron nomme ses ministres en connaissance de cause, il ne va pas aller prendre des personnalités ultra militantes de la sphère LGBT ou même de la lutte contre le racisme ou le sexisme. Quand tu entres dans son gouvernement, tu fais déjà le choix de t'oublier et de ne pas lutter, sinon tu te casses », analyse Alice Coffin, encore scandalisée de la présence de Gérald Darmanin ou Christophe Béchu au gouvernement.

Très critiques du gouvernement actuel, les représentants de la gauche française affirment qu'Emmanuel Macron n'est pas un allié de la cause et ses ministres encore moins. Pour David Belliard, élu de Paris et encarté aux Écologistes, « les personnalités LGBT qui sont à droite de moi se sont embourgeoisées, elles sont loin des préoccupations actuelles comme la question gay en banlieue. Moi je m'intéresse à ce sujet car je pense qu'en tant qu'élu gay je trouve ça bien de passer deux heures à marcher avec des gens qui sont dans une situation difficile. Les personnes LGBT racisées subissent une discrimination que nous homosexuels blancs CSP+ ne pouvons pas comprendre. Les LGBT chez Macron sont dans une homosexualité de confort dans leur parti. Pour le président, c'est tout bénéfique, il peut continuer à surfer sur le "en même temps". À sa frange conservatrice, il donne des gages en accueillant des opposants au mariage pour tous sans que personne s'offusque. » David Belliard considère qu'une partie des élus gays de droite et des macronistes ne font rien pour faire avancer les choses pour les migrants LGBT ou la GPA, et qu'à partir du moment où leur lutte personnelle a pu avancer (le mariage pour tous ou l'adoption pour les couples de même sexe), ils se sont éloignés du reste des combats les concernant moins. Cela n'inclut pas Olivier Dussopt ou Clément Beaune, qui se sont prononcés pour la GPA, position néanmoins mineure dans le gouvernement dont ils font partie.

Le président Macron s'est, depuis la guerre en Ukraine, éloigné des sujets sociétaux comme la lutte contre les discriminations, préférant laisser les prises de position ou grandes annonces à la Première ministre ou aux autres membres du gouvernement. Sa discrétion, sur la scène internationale notamment, est vécue comme une offense par la communauté LGBT, en particulier lorsqu'il déclare : « Il ne faut pas politiser le sport », à l'occasion de la Coupe du monde de football qui a lieu au Qatar en 2022, quand des militants réclament un dossard LGBT pour les joueurs.

Alors, Emmanuel Macron, un président LGBT *friendly* ? Oui, mais avec des efforts à faire pour affirmer notre politique LGBT à travers le monde.

Chapitre 10

Gay au RN

Le nouvel ennemi intérieur

Un vendredi de printemps, à deux pas de l'Assemblée nationale et du Quai d'Orsay, dans l'un des plus beaux quartiers de Paris, un petit attroupement d'une trentaine de personnes qui patientent tout sourire devant la Maison de l'Amérique latine. Cet espace se veut « un carrefour de cultures, un lieu de rencontres et d'échanges, où se côtoient toutes les formes d'expression artistique », il a vu défiler depuis sa création en 1946 (sous l'impulsion du général de Gaulle) de nombreux intellectuels et militants politiques comme Edgar Morin ou Angela Davis.

Des décennies plus tard, c'est le Rassemblement national qui y tient salon. Au programme du parti d'extrême droite, un colloque organisé par sa toute nouvelle fondation « Identité & Démocratie », cercle de pensée piloté par les eurodéputés RN rejoints par leurs homologues européens afin de « lutter contre le wokisme et déconstruire la déconstruction ». Pour cette première édition, le clou du spectacle s'appelle Jordan Bardella, il a 27 ans et il a fait de la propagande LGBT et des questions de genre l'un de ses chevaux de bataille. Le RN, qui n'avait jusqu'ici pas traité cette thématique en détail, s'y investit désormais pleinement – engagement déjà mené par plusieurs partis de droite et d'extrême droite en Europe, qui n'est probablement pas étranger à la volonté de couper l'herbe sous le pied d'Éric Zemmour. Il faut l'empêcher d'atteindre la barre symbolique des 5 %, synonyme de dynamique aux européennes de 2024, et éviter la fuite d'autres élus vers sa formation, comme lors de la dernière présidentielle, le sénateur des Bouches-du-Rhône Stéphane Ravier ou le député européen Nicolas Bay.

« On va lutter contre ce danger mortel, cette sorte de religion, qui veut déconstruire tout ce qui nous fait, qui fonde notre mode de vie, notre histoire, notre identité, le wokisme est un monstre à plusieurs têtes, qui agit dans notre école avec la propagande LGBT à toutes les sauces, au cinéma, à l'université et dans certains médias. Cela va de l'écriture inclusive à la négation du sexe des personnes », m'explique un cadre du RN en attendant son président. La salle est pleine, autour de moi, beaucoup d'hommes âgés venus se rassurer et trouver du soutien dans « ce monde qui va trop vite. Un jour une fille veut être un garçon et un autre jour un homme. Vous comprenez, il faut un cadre ». Le fameux mâle blanc de plus de 60 ans est majoritaire dans le public, il est là en quête d'une formation pour mieux se défendre contre le « wokisme » et les féministes. Hervé, 71 ans, se sent dépassé. Il a l'impression que « Jordan » lui parle et le comprend. Il a pris le car ce matin avec la fédération de Normandie, a pu visiter l'Assemblée, déjeuner avec des députés et profiter de ce séjour organisé par le parti d'extrême droite pour s'assurer que la salle sera remplie.

On croise quelques très jeunes collaborateurs, attachés parlementaires, stagiaires, jeunes militants ; ils ont pour consigne d'occuper tout l'espace du grand salon et d'assister à la conférence, portables vissés à la main. Peu de personnalités politiques connues, quelques députés européens et français. Tout ce qu'ils entendront ici leur servira, selon eux, à réagir sur les réseaux sociaux et sur le terrain, dès lors qu'ils se sentiront attaqués. Le colloque va démarrer mais, avant l'arrivée du président du RN, un petit film est diffusé pour motiver les troupes. La lumière baisse, une musique oppressante se fait entendre, un montage à l'américaine, saccadé. En très accéléré, apparaissent à l'écran le philosophe Alain Finkielkraut, l'essayiste Pascal Bruckner, le polémiste Michel Onfray, dénonçant tous en chœur le changement de société dont ils se sentent victimes. S'ensuivent des passages filmés dans des manifestations antiracistes, des petits reportages empruntés à BFMTV sur des personnes transgenres ou des passages radios de différentes personnalités étiquetées à gauche comme Sandrine Rousseau ou Alice Coffin. Pour le RN, toute existence d'une minorité militante est à combattre, et cette vidéo qui brille par ses approximations et ses enchaînements hasardeux n'aide pas à distinguer un vrai discours factuel avec des sources fiables. Pourtant, les participants sont hypnotisés par les extraits qu'ils voient. Certains esquissent un sourire ou marmonnent des insultes. Le film se termine par les images d'un homme trans interrogé par un journaliste, qui explique en quoi le mégenrage[1] dont il peut être victime le touche profondément. Explosion de rires dans la salle et applaudissements. Jordan Bardella se lève, se fait ovationner et s'empare du micro. L'assemblée est prête à boire ses paroles.

1. Fait de désigner une personne par un genre qui n'est pas le sien.

Le message est clair, l'ennemi, c'est tout ce qui ne ressemble pas à ce qui est dans la salle : « Nous sommes dans l'ère du rousseauisme, pas celui de Jean-Jacques malheureusement, mais celui de Sandrine. » La députée écologiste en prend pour son grade du fait de son combat écoféministe et contre le patriarcat. Jordan Bardella continue à parler à son public en instillant la peur, avec un discours anxiogène expliquant que « le sexe, la race, la religion, tout doit devenir prétexte à être opprimé pour leurs opposants ». Parfois, il essaie de se montrer moins clivant que la vidéo qui vient d'être diffusée : dans ses mots, il ne cible pas des communautés précises. Il ne mentionne pas les personnes homosexuelles, ni les personnes noires, mais fustige l'intersectionnalité, cette notion employée en sociologie et en sciences politiques, construite pour désigner la situation de personnes subissant en même temps plusieurs formes de stratifications, de dominations ou de discriminations dans une société. Un outil sociologique qualifié de néfaste. Bardella précise vouloir lutter contre les discriminations, mais n'hésite pas à jeter en pâture à la salle l'ex-ministre de l'Éducation nationale, alors seule personne noire du gouvernement. Le président du RN affirme que Pap Ndiaye n'aime pas la France et est responsable de la propagande LGBT dans les écoles.

Le choix du terme « propagande LGBT » trouve son origine en Russie. En 2017, avec le soutien de Poutine, le gouvernement y a instauré une loi anti-propagande LGBT ; en clair, tout livre, tout film, toute publicité, par exemple, qui présenterait les relations homosexuelles sous un jour positif est désormais passible de poursuites et d'une amende pouvant aller jusqu'à 150 000 euros. Le président du RN sait très bien où il met les pieds en reprenant cette sémantique. Il rejoint d'une manière plus détournée son illustre prédécesseur : « Les homosexuels, c'est comme le sel dans la soupe : s'il n'y en a pas assez, c'est un peu fade, s'il y en a trop, c'est imbuvable », avait déclaré en 2016 Jean-Marie Le Pen. Le fondateur, et alors toujours président d'honneur du Front national, avait tenu ces propos lorsqu'on l'interrogeait sur le plateau du *Figaro* au sujet de la représentation au sein de son parti. La même année, alors qu'il était député européen, il affirmait que « la pédophilie avait trouvé ses lettres de noblesse […] dans l'exaltation de l'homosexualité[1] ». Et en avril 2017, il avait récidivé en s'exprimant sur la présence du compagnon du policier Xavier Jugelé, tué dans un attentat djihadiste, sur

1. Journal de bord de Jean-Marie Le Pen, Youtube, mars 2016.

les Champs-Élysées : « Je pense que cette particularité familiale doit être tenue à l'écart de ce genre de cérémonies, qui gagnerait d'ailleurs à plus de discrétion[1]. »

Retour à la Maison de l'Amérique latine. Le discours de Jordan Bardella terminé, après qu'un militant m'a avoué qu'il ne le savait pas « aussi intellectuel », on nous distribue un livret avec le programme de la soirée. Olivier Vial, fondateur de l'Observatoire de la déconstruction[2], parle d'une « femme non binaire racisée qui gagne 100 points dans la quête de la culpabilisation insupportable ». Le barème des points évoqué par Vial laisse sous-entendre que toute minorité est forcément favorisée dans la société, la salle rigole de cette accumulation. On peut également écouter le Pr Frank Furedi, directeur du MCC Brussels[3], lieu de formation idéologique du président hongrois Viktor Orbán, stratégiquement localisé au cœur des instances européennes de la capitale belge, pour les jeunes de la droite radicale. Il est venu défendre la politique hongroise de lutte contre la « propa-

1. Journal de bord, Youtube, avril 2017.
2. Cercle de pensée fondé par Olivier Vial avec le large soutien de l'UNI, syndicat étudiant proche d'Éric Zemmour et du RN.
3. L'Institut Mathias Corvinus Collegium de Bruxelles.

gande LGBT » dans les écoles. Prendre exemple sur la Hongrie, qui est le pays européen le plus répressif envers les homosexuels, n'est pas anodin. La banque hongroise MKB a prêté 10,7 millions d'euros[1] sur seize mois pour la campagne présidentielle du RN, après un déplacement de Marine Le Pen en Hongrie et une rencontre avec Orbán, qu'elle a toujours qualifié d'allié.

Si, à l'Assemblée nationale, les nouveaux députés RN restent très discrets sur les sujets internationaux et le soutien à des pays homophobes, à l'échelle européenne, les membres du parti ne s'en cachent pas. La cible sur ce scrutin, c'est la droite patriote, pas les abstentionnistes et les classes populaires qui s'expriment peu. Pour preuve, c'est Jordan Bardella qui affrontera Marion Maréchal, la nièce de Marine Le Pen partie chez Éric Zemmour.

À la Maison de l'Amérique latine, on trouve le député RN Roger Chudeau, 73 ans. Légion d'honneur piquée sur le costume, il est assis tout devant. Transfuge des Républicains, grand ami de François Fillon, il est membre de son cabinet lorsque celui-ci part à Matignon, puis devient son conseiller en

1. Déclaration de patrimoine que Marine Le Pen a adressée en 2022 à la Haute Autorité pour la transparence de la vie publique.

matière d'éducation (il était inspecteur général de l'Éducation nationale) et est un soutien de La Manif pour tous. Déprimé par la défaite à l'élection présidentielle de 2017 de l'ancien Premier ministre – « un homme de valeur et de conviction, on aurait dû gagner » –, il s'éloigne temporairement de la vie politique, a le *blues* et ne sent plus chez lui à droite. Il offre donc son retour au Rassemblement national. Comme toutes les nouvelles prises, Marine Le Pen le choie et lui confie une mission politique : « Créer un groupe luttant contre la propagande LGBT dans les écoles et dans le sport. » En attendant le début du colloque, il m'explique : « Dans certaines compétitions, on a de gros problèmes, car les nageurs qui deviennent des nageuses raflent toutes les médailles. Ça peut faire rire les gens, mais c'est très grave. Elle est là, l'injustice. »

Membre de la commission des Affaires culturelles et de l'Éducation de l'Assemblée nationale, Chudeau songe à présenter très rapidement une proposition de loi interdisant aux personnes trans toutes les compétitions sportives, et aussi les réunions en non-mixité. Le fameux intergroupe parlementaire (réunissant les membres du Sénat, de l'Assemblée nationale et du Parlement européen), dont Chudeau est membre, Marine Le Pen en aurait eu l'idée à force de déjeuner avec « des philosophes et penseurs français », d'après lui. À la manière d'un président avec ses visiteurs du soir, Marine Le Pen se forge une pensée en s'imprégnant de celle des autres. Entre deux interlocuteurs, raconte Chudeau, elle aurait décrété « que le wokisme était le grand danger du siècle », une idée sans doute soufflée par son « conseiller spécial » et beau-frère, Philippe Olivier, en boucle depuis des mois sur ce sujet dont la droite est friande.

Et pourtant, la députée du Pas-de-Calais ne se prononce que rarement sur les sujets de société. En 2013, lors du mariage pour tous, elle n'avait pas battu le pavé, mais elle avait brillé par sa discrétion, choisissant l'opposition basique de quelques tweets affirmant son rejet du mariage et de l'adoption[1].

Dix ans après, le Rassemblement national est contre le wokisme, mais fait figure de terre d'accueil pour gays de droite et d'extrême droite ne trouvant pas leur place politique chez Les Républicains ou dans le parti d'Éric Zemmour. Malgré les soutiens et les alliances avec des partis et personnalités politiques homophobes, le RN est vu par certains comme protégeant la liberté sexuelle contre l'extrémisme religieux…

---

1. Le 17 février 2013 : « Je suis contre le mariage homosexuel et contre l'adoption. »

ce qu'on appelle communément l'homonationalisme, lorsque les droits des homosexuels sont mis en avant dans une perspective xénophobe, non seulement par des partis politiques, mais aussi au sein des mouvements LGBT eux-mêmes. Pour l'extrême droite européenne, notamment aux Pays-Bas avec le Parti pour la liberté de Geert Wilders, l'utilisation régulière de la protection des droits des homosexuels comme un argument contre la religion musulmane donne des idées aux Français qui n'hésiteront pas à récupérer ces éléments de langage. Le but : aller chercher des voix dans la communauté LGBT. Et cela fonctionne. En 2016, le CEVIPOF rend un sondage sur le vote lors des régionales : 32,5 % des couples gays mariés avaient voté pour le FN au premier tour contre 25 % pour LR[1].

Florian Philippot, puis Sébastien Chenu et Jean-Philippe Tanguy : le parti avec le plus d'homosexuels connus en proportion a toujours le cœur qui balance entre la dédiabolisation et la base de son électorat historique.

---

1. « Orientation sexuelle et action publique : les bénéficiaires du mariage pour tous votent-ils plus à gauche ? », CEVIPOF, février 2016.

« Je ne veux pas être le gay de service, le député gay »

« Je me suis rendu compte qu'il était plus simple d'être homosexuel au Rassemblement national que chez Les Républicains. Ici, tout le monde s'en fout, c'est ce qui me pousse à faire mon *coming out* aujourd'hui, je m'y sens bien, je m'y sens chez moi. »

À force de passer du temps à l'Assemblée nationale pour nourrir ce livre, j'entre en contact avec le jeune député RN du Loiret Thomas Ménagé. Je sais qu'il est homosexuel, je pense que c'est public et que tout le monde le sait, et pourtant il m'explique que non. Son entourage proche est au courant, son père l'est depuis quelques mois, c'est tout. Dans son parti, son collègue et ami, le député ouvertement gay Jean-Philippe Tanguy, le presse de révéler son homosexualité. Ce dernier lui conseille de ne pas « se planquer » et de faire comme lui : assumer et ne pas mentir aux électeurs, surtout ceux de sa circonscription.

Les deux transfuges du parti souverainiste Debout la France ont rejoint le RN de Marine Le Pen deux ans avant les législatives de 2022, qui ont vu entrer 88 députés frontistes à l'Assemblée nationale. Élu député du Loiret avec 63 % des voix au second tour, après avoir battu Jean-Michel Blanquer (ancien ministre de l'Éducation nationale) et l'alliance NUPES, c'est la première empreinte locale de Thomas Ménagé. Lui comme Jean-Philippe Tanguy sont les deux nouveaux députés médiatiques du parti, ils se rendent sur tous les plateaux, sont interpellés en direct lors des questions d'actualité, dans les commissions importantes. Depuis leur élection, Marine Le Pen et Sébastien Chenu ne peuvent plus s'en passer. Les deux compères autrefois proches de Nicolas Dupont-Aignan ont su trouver leurs marques et imposer la vision du RN sur des sujets comme le climat, l'endométriose ou la souveraineté énergétique de la France.

Thomas Ménagé s'exprime bien, sait travailler en équipe et garder son sang-froid ; il est choisi par la patronne pour porter sa parole et celle de son groupe à l'Assemblée nationale. Dans le Loiret, il vient d'acheter une maison avec son compagnon. Tous les week-ends, ils arpentent les rayons du Leclerc en réfléchissant à leur futur mariage. Il n'empêche : il appréhende la réaction de la presse locale et de ses administrés une fois son *coming out* annoncé : « Comme je n'ai pas fait le choix d'en parler pendant ma campagne, je n'ai pas envie qu'ils pensent que j'ai voulu leur mentir et qu'ils soient déçus. Le côté : "Est-ce que je perds ma circo en faisant ça ?" est aussi une question que je me pose. Je suis sur une terre LR, je pense que je peux en perdre quelques-uns. »

Thomas Ménagé a longtemps hésité avant de révéler publiquement son homosexualité, non par peur que cela nuise à son ascension dans le parti, mais parce que avant d'être le jeune député en vogue au sein du RN, il était militant de La Manif pour tous, de toutes les manifestations et de toutes les mobilisations contre la loi Taubira. Il fut même l'un des porte-paroles de cette opinion : « Je n'avais pas le sentiment d'être homophobe quand je manifestais avec eux, et je persiste à dire que le fait de m'être interrogé – comme c'était le cas de nombreux manifestants – sur l'adoption ne fait pas de moi un homophobe. » Cette distinction du sujet de l'adoption est souvent mise en avant par les anciens opposants, ce fer de lance d'une grande partie de l'opinion à ce moment-là reprend comme une petite musique la rhétorique du « bien de l'enfant ».

Lors d'un café entre deux séances à l'Assemblée, Thomas Ménagé me raconte qu'il a grandi dans le Loir-et-Cher, dans une famille de la classe moyenne inférieure. Sa mère, dont il est proche, décède lorsqu'il est tout juste sorti de l'adolescence, elle ne saura jamais qu'il est attiré par les garçons. Enfant unique, profondément marqué, il se retrouve à découvrir le monde des pompes funèbres et des successions ; son homosexualité se révèle à lui au même moment que la disparition maternelle. Il reste avec son père, mais ils ne parlent « pas de ces choses-là, je ne savais même pas ce qu'il pensait des homosexuels, ça n'existait pas pour nous. Je pouvais entendre parfois dans notre village des propos homophobes, mais c'était plus de l'ordre de la méconnaissance que de l'homophobie militante, de la bêtise. Il n'y avait aucun gay là où j'ai grandi ». Thomas Ménagé se jette à corps perdu dans La Manif pour tous, porté par cette dynamique nationale pour trouver du réconfort dans son questionnement intime et une émulsion de groupe. On retrouve encore aujourd'hui des articles de presse locale[1] le présentant comme un catholique opposé au mariage pour tous et à l'adoption[2].

1. « Loir-et-Cher : pour Thomas Ménagé, "N. Dupont-Aignan a fait un choix entre son confort personnel et l'intérêt de la France" », Magcentre, 30 avril 2017, https://www.magcentre.fr/127308-loir-et-cher-pour-thomas-menage-n-dupont-aignan-a-fait-un-choix-entre-son-confort-personnel-et-linteret-de-la-france/.
2. « Loir-et-Cher : Thomas Ménagé, jeune candidat aux législatives à Blois », Magcentre, 10 janv. 2017, https://www.magcentre.fr/116188-loir-et-cher-thomas-menage-jeune-candidat-aux-legislatives-a-blois/.

Pourtant, ses premiers émois débutent dans le secret des rassemblements contre le mariage pour tous. Il vit comme d'autres manifestants dans la contradiction la plus totale, oppressés par le poids d'être gays, comme s'il suffisait de dire très fort qu'ils ne le sont pas pour ne pas l'être : « Je ne voulais plus l'être. Et puis, un jour, j'ai compris que ça ne changerait jamais, que c'était en moi pour la vie. J'aimais les hommes et je devais l'accepter. Depuis, je ne me suis plus caché. Faire mon *coming out* aujourd'hui, c'est la dernière chape de plomb que je lève. »

Lorsqu'on rappelle au député l'histoire du parti auquel il appartient, il botte en touche, semble ne pas la connaître totalement, rappelle fermement son arrivée récente : « Je ne serais jamais venu si Jean-Marie Le Pen était à la tête du parti. Marine, c'est différent pour les homosexuels. » Pour lui, « ce parti les protège, on est sur une régression à venir pour nos droits et le Rassemblement national n'a pas peur de le dire ». Sur l'accueil de ses comparses, il ne voit aucun blocage : « Numériquement, on commence à être beaucoup dans le groupe. On ne se cache pas, je n'ai jamais rencontré de collègues homophobes depuis que je suis ici, on le vit très bien, contrairement à d'autres dans leur parti. J'invite LFI ou LR à faire le ménage devant leur porte, avant de nous donner des leçons sur l'utilisation supposée que Marine Le Pen fait de nous. »

Dix ans après son militantisme contre le mariage pour tous, Thomas Ménagé a des projets d'union et d'enfants avec son compagnon, un besoin de transparence et surtout une envie qu'on n'en parle plus, une fois qu'il aura tout dit, qu'on passe à autre chose. Il s'est retenu de commenter ou de soutenir les dix ans de la loi du mariage pour tous, par crainte de se voir opposer ses participations passées. Il faut aussi malgré tout veiller à ne pas trop froisser l'électorat croisé au colloque de la Maison de l'Amérique latine. « J'ai toujours peur qu'on me reproche de trop m'exprimer sur ma vie sentimentale et intime, c'est pour ça que je n'en ferai pas la promotion. Je ne serai pas militant ni porte-parole, je ne veux pas qu'on pense que je ne travaille que pour la communauté LGBT. Je ne veux pas que mon homosexualité soit un fait politique. Je veux juste être à l'aise lorsqu'on me pose la question en public, ne plus être gêné. Je ne veux pas être le gay de service, le député gay. »

S'il ne veut pas mettre son homosexualité en avant dans son parti, comment la vit-il au RN ? Cela le pousse-t-il à avoir des propositions politiques concernant les LGBT ? À les protéger et à faire valoir leurs droits ? « Je ne me suis pas vraiment posé la question, la situation ne s'est pas présentée à moi. Oui, je pense que je pourrais porter un texte sur les personnes LGBT, parce que je considère que, comme ma sexualité n'a pas d'impact sur mes choix politiques, ce n'est pas un vecteur de prise de position. Je considère que je dois porter tous les sujets. » Bien que son jugement puisse être vu comme naïf, il est sûr que ce parti est bon pour son ascension et son image. Il parle du RN de 2023 qui n'est plus homophobe, pas du Front national au passé interdit.

Un parti d'extrême droite dédiabolisé en façade, car certains électeurs et élus ne cachent pas leur homophobie ou autres offenses. « On participe à donner envie à de jeunes gays à vouloir s'engager. Je le vois au quotidien, autour de moi, avec nos collaborateurs et militants : au RN, de nombreux rôles de premier plan sont occupés par des homosexuels, près de la patronne. » On remarquera que le mieux placé, le dauphin Jordan Bardella, n'en est pas un. Il sait que, dans son parti, sa discrétion sur ce sujet sera appréciée, mais lorsque je lui demande s'il pourrait aménager dans sa circonscription un lieu d'accueil pour les réfugiés LGBT, Thomas Ménagé répond : « Oui, il faut les accueillir s'ils sont menacés dans leurs pays d'origine pour leur orientation sexuelle, leurs orientations religieuses ou leurs opinions politiques, on doit les protéger. Mais il faut que cela soit prouvé, notre position, c'est qu'on est contre les personnes qui utilisent l'asile alors qu'elles n'en ont pas besoin. Je pense même qu'il faudrait faire des demandes depuis les pays d'origine pour arriver directement ici avec leurs papiers, ça éviterait l'attente interminable. » Étonnant, lorsque l'on connaît la politique totalement différente du RN dès lors que l'on se plonge dans leurs travaux parlementaires ou programmes politiques[1] ; alors, à quand un centre d'accueil pour réfugiés LGBT dans le Loiret ?

Un parti tiraillé

Cela n'arrivera jamais, parce que le parti de Thomas Ménagé considère les réfugiés LGBT avant tout comme des migrants. Et comment prouver que l'on est un homosexuel menacé dans son pays depuis

1. Par exemple, dans le programme de Marine Le Pen de 2022, est déclaré qu'« en raison de la gravité des enjeux en présence, il appartient au peuple souverain de se prononcer sur ces modifications profondes de notre droit. C'est la raison pour laquelle un référendum soumettra aux Français une réforme de la Constitution et des modifications des lois relatives à la situation des étrangers, à la nationalité et à l'identité françaises ».

un guichet? Pire, cette proposition mettrait en danger les demandeurs en donnant leurs noms à ceux qui les considèrent comme indésirables. Le RN remet systématiquement en doute les persécutions que peuvent vivre les réfugiés dans leurs pays. On peut gager que s'il était au pouvoir, il réduirait de façon radicale l'accueil des réfugiés et donc des LGBT.

La ligne sur les questions LGBT n'y est ainsi pas des plus claire. Il s'avère que Marine Le Pen les aime discrets et surtout pas militants. Quand on est gay au RN, on se tient à l'écart des *prides* (à l'exception de Jean-Philippe Tanguy qui ne demande rien au parti) et autres mobilisations militantes. On reste dans un fonctionnement patriarcal. « L'obsession de Marine Le Pen, c'est d'affirmer son autorité pour le bien du parti. Si elle peut avoir des hommes gays qui ne seront pas des menaces pour elle mais qui la posent comme une icône, ça lui va très bien », analyse Caroline Fourest.

Lorsqu'on discute des LGBT au RN, on pense forcément à des hommes gays, absolument pas à des lesbiennes et encore moins à des personnes trans. Pire, on propage le doute médiatiquement sur la théorie du genre et les droits LGBT : « Marine Le Pen est fascinée par Poutine, qui est le chantre du retour de l'homophobie en Europe et en Occident. Quand les participants de La Manif pour tous s'en revendiquent, ce n'est pas anodin », note Caroline Fourest. Après une dizaine d'essais sur l'extrême droite, des sujets sensibles qui lui ont valu des attaques et parfois même des condamnations, comme en 2012, lors du procès en diffamation pour sa biographie de Marine Le Pen[1], Caroline Fourest, comme d'autres spécialistes, ne souhaite pas que la proximité du RN avec des pays homophobes tombe aux oubliettes.

Depuis des années que Marine Le Pen tente de dédiaboliser le parti hérité de son père, la représentativité des élus gays au Rassemblement national ne cesse d'augmenter. À l'Assemblée nationale, ils seraient une dizaine. Lorsqu'elle lit dans la presse que c'est le terme « propagande LGBT » qui est retenu pour parler de la mission de Roger Chudeau, « Marine » voit rouge et sent que cela impacterait son travail de séduction de la communauté. « Elle a remis les choses à leur place lors d'un point entre parlementaires, elle a demandé à Roger Chudeau et à d'autres de bien distinguer l'idéologie LGBT du groupe contre le wokisme, et de ne plus utiliser ce mot », m'a exposé Jean-Philippe Tanguy – qui ne

---

1. Coécrite avec Fiametta Venner aux éditions Grasset en 2011. Le 9 octobre 2012, l'éditeur et les deux autrices ont été reconnues coupables de diffamation à l'encontre de Marine Le Pen.

participe à aucun travail de cet intergroupe et s'en tient le plus possible éloigné, preuve de l'ambivalence de ces gays du RN qui d'un côté promeuvent les *coming out* dans le parti tout en choisissant de se mettre des œillères sur les prises de position conservatrices au sein de leur groupe.

En confiant les clefs de l'Assemblée à Sébastien Chenu, fondateur de GayLib[1], Marine Le Pen s'achète la paix sans prendre trop de risques, tant les opinions politiques de son nouvel homme de confiance flirtaient avec les siennes, tout en gagnant un soutien de poids contre les accusations d'homophobie dont son parti se dit victime. « Chenu est en odeur de sainteté, mais ça n'a pas toujours été le cas. Quand il est arrivé en 2014, il venait de l'UMP, où il était plutôt cramé. Le RN a bien voulu de lui, et lui a offert une ascension éclair, parce qu'il gagnait à mettre en avant cet élément venant d'un parti plus respectable, et participant donc à sa crédibilisation », explique Tristan Berteloot qui suit l'extrême droite pour *Libération* depuis des années. Le temps passe et à 88 députés élus, il faut pouvoir disposer d'une palette assez large de profils pour coller

1. GayLib est une association française créée en 2001 et qui a été associée successivement à l'UMP, l'UDI et au Mouvement radical.

au mieux au projet de dédiabolisation, nerf de la guerre que mène Marine Le Pen dans la course au pouvoir. Et surtout on lisse le discours médiatique, on tente de rompre avec l'époque des élus RN qui se faisaient prendre comme en 2013, quelques mois après la passage de la loi Taubira, où une candidate aux municipales postait un montage raciste visant l'ancienne garde des Sceaux et affirmait : « C'est une sauvage. À la limite, je préfère la voir dans un arbre [...] que de la voir au gouvernement[1]. »

Je confronte Jean-Philippe Tanguy au double discours, mais, de son point de vue : « On n'est pas conservateurs ni racistes, on est pour la liberté et l'égalité de tous les Français avant tout. Nous défendons aussi un certain "droit à l'indifférence", à savoir pouvoir vivre sa vie tranquillement sans être réduit à sa sexualité, à son genre ou à son origine présumée. Nous incarnons un courant politique proprement français, lié à l'histoire particulière de notre pays. Nous sommes aussi souverainistes, c'est-à-dire que nous estimons que l'Union européenne ou toute autre entité internationale n'a pas à se mêler des questions de société d'une nation. Nous pouvons travailler avec

1. Anne-Sophie Leclère, candidate aux élections municipales à Rethel, voir par exemple *Le Point*, « Taubira comparée à un singe : l'ex-candidate FN condamnée à 3 000 euros avec sursis », 28 septembre 2016.

des partis souverainistes étrangers sans en partager les projets de société. Ainsi notre vision des mœurs n'a rien à voir avec celle d'Orbán et compagnie. Le gaullisme est aussi issu d'une famille qui a toujours combattu l'emprise religieuse sur le politique et les droits civils. Les textes des religions du Livre sont littéralement homophobes et misogynes. Le génie de notre civilisation, c'est justement d'avoir imposé des interprétations qui rompent avec ces erreurs. » Ces prises de positions anti-cléricales lui auraient valu une passe d'armes avec Jordan Bardella, pas totalement prêt encore à fâcher les copains européens et religieux. « L'histoire des gays au RN est totalement liée à la manière dont la droite politique n'a pas su accepter des cadres homosexuels a contrario du RN version Marine Le Pen. Florian Philippot est le premier à ouvrir la porte, sous la bienveillance tacticienne de Marine Le Pen. On est sur des enjeux politiciens », selon Alice Coffin.

Pour Clémentine Autain, qui côtoie au quotidien dans l'hémicycle ces nouveaux députés gays proches de Marine Le Pen, il ne faut pas que les Français soient dupes sur le fond des idées et des propos du parti : « Prenons l'exemple de la réforme des retraites. Toutes les propositions faites par ce parti se construisent autour d'une vision politique nataliste. Quand on connaît la difficulté voire l'impossibilité pour les couples de même sexe d'avoir des enfants, c'est contradictoire avec l'affichage. Même si c'est une femme à la tête du mouvement, il y a des méthodes virilistes et des choix de sujets qui ont à voir avec un étau patriarcal et très viril. Marine Le Pen donne l'impression d'un adoucissement, mais le projet reste très violent. Les réseaux de l'extrême droite sont les ennemis des droits LGBT, des droits des femmes, de l'IVG. C'est une tromperie. »

Qu'en pensent nos élus gays au RN, ont-ils l'impression d'être les fantoches du parti ? De ne servir qu'à redorer un collectif entaché sur les sujets sociétaux ? « Les vices humains comme l'homophobie, c'est trop facile de les lier à un seul parti politique en France. C'est non seulement de la mauvaise foi, mais aussi de l'aveuglement. Vous prenez l'UMP – j'ai voulu commencer là-bas à l'époque de Sébastien Chenu –, je peux vous dire qu'objectivement, c'était le parti politique en France le plus homophobe. À mon sens, c'est encore le cas, même si je m'interroge sur la dérive de LFI. L'UMP, ce n'est pas de l'homophobie violente ou haineuse, mais c'est de l'homophobie mondaine, à l'image de la formule de Caroline Cayeux "ces gens-là" que j'ai entendue des milliers de fois sous différentes formes. La bonne bourgeoisie UMP n'avait pas de haine contre les homosexuels, mais estimait que nous étions et serions toujours différents, juste bons à mettre notre travail et nos convictions à leur service tout en restant sagement au placard. Ces notables autoproclamés t'accueillent volontiers dans l'équipe car tu es très souvent disponible, faute de vie familiale. En revanche, à moins d'avoir une double vie, l'UMP ne pouvait concevoir que tu sois élu national ou star du parti », raconte Jean-Philippe Tanguy, comme pour se justifier.

Au RN, il y a donc des gays et quasiment pas de lesbiennes. Ils restent discrets sur leur identité, ne voulant pas être assimilés aux mouvements LGBT militants et donc au camp présidentiel ou à la NUPES. Ces élus doivent accepter, même si cela ne semble pas les déranger, de côtoyer des réactionnaires homophobes dans les rangs du RN depuis son existence. La stratégie semble assez bien fonctionner : à la dernière élection présidentielle de 2022, 16 % de personnes se déclarant gays ont voté pour Marine Le Pen dès le premier tour contre 9 % pour Jean-Luc Mélenchon ou 5 % pour Yannick Jadot, qui ont pourtant dans leurs programmes des propositions d'avancées ciblées pour les LGBT[1]. Preuve que l'homosexualité masculine est rentrée dans le rang au RN.

1. « Le vote des LGBT à l'élection présidentielle de 2022 », sondage de l'IFOP pour le magazine *Têtu*, 2022.

III.
Un quotidien politique sans pitié

Chapitre 11

Gallet / Macron : itinéraire d'un fantasme

La rumeur fait partie intégrante du milieu politique, c'est un fait; mais il semblerait que l'aspect homophobe la renforce. Un jour, c'est l'idylle cachée entre deux ministres de premier rang, le lendemain, c'est la supposée bisexualité d'une Première ministre ou encore l'homosexualité dissimulée d'un ancien Premier ministre de droite conservatrice. Les réseaux complotistes et les dîners mondains s'en donnent à cœur joie.

Lors de la fête de la musique à l'Élysée en 2018, les Macron avaient reçu divers artistes de la scène LGBT, Kiddy Smile et ses compagnons avaient allumé le feu pour les invités triés sur le volet. Sur les réseaux sociaux du couple présidentiel, les commentaires désobligeants pleuvent : « Une insulte au cœur de la France », « L'image de la France dans le monde est abîmée »... Marine Le Pen s'est fendue d'un « Au secours ! ». Le couple Macron avait osé laisser les clefs de l'Élysée à des stars de la communauté LGBT française, synonyme, pour les réfractaires, d'une compromission du président et de la preuve de ses liens intimes avec cette communauté.

Pour Pascal Froissart, enseignant-chercheur à l'université de Paris-VIII : « Les rumeurs sur l'homosexualité sont une vieille accusation qui traverse les âges, mais de nos jours, elles visent plus la confiance que la moralité, compte tenu de l'évolution de la société sur l'homosexualité. C'est-à-dire qu'elles se portent sur une possible trahison du conjoint officiel, au même titre que les accusations d'avoir une maîtresse[1]. » On peut également évoquer les rumeurs transphobes qui planent sur Brigitte Macron, et qui l'ont conduite à poursuivre jusque devant les tribunaux les autrices de ces mensonges. Une pseudo-journaliste indépendante et une médium autoproclamée ont été condamnées en juin 2023 pour avoir affirmé sur Internet que Brigitte Macron, née Trogneux, n'aurait jamais existé et que c'est son frère, Jean-Michel, qui serait devenu la première

1. Baptiste Langlois, « De Chirac à Macron, la rumeur, courante et pernicieuse en politique », *Ouest France*, 8 fév. 2017.

dame – un complot que l'Élysée aurait tout fait pour cacher. Cette rumeur a donné lieu à des montages photos transphobes et est allée jusqu'à accuser Brigitte Macron de pédocriminalité. Cette histoire, qui restait jusqu'alors dans les tiroirs du net, a commencé à avoir un écho dans une revue d'extrême droite[1]. La cour d'appel de Caen a condamné la médium à 1 000 euros d'amende et la « journaliste » à 2 000 euros dont 1 600 euros avec sursis.

« Une rumeur a le même problème que l'information : elle ne convainc que ceux qui sont déjà convaincus, explique Pascal Froissart. D'un autre côté, plus on la dément, plus on la diffuse. » La marge de manœuvre est ténue, là où l'impact est réel.

La promotion canapé

Comme Mathieu Gallet l'a raconté dans un ouvrage autobiographique[2], c'est Pascal Houzelot qui lui a appris que la rumeur embêtait le couple Macron.

1. Selon Simon Auffray, qui a cartographié la propagation de la fake news sur Twitter, elle a surtout circulé dans une galaxie de comptes antivax « autour de Florian Philippot, de François Asselineau et de Nicolas Dupont-Aignan », dans « Brigitte Macron et Jean-Michel Trogneux, itinéraire d'une infox délirante », *Le Monde*, 1er mars 2022.
2. *Jeux de pouvoir*, Paris, Bouquins, 2022.

« En tout cas, je voulais te prévenir qu'ils ne sont pas contents, et on pense qu'il faudrait que vous vous montriez tous les trois ensemble pour dissiper tout malentendu. [...] J'ai une idée, lança Pascal, faussement spontané. On va organiser un dîner avec les Macron, Antoine et toi, Stéphane Bern, moi, Bernard Montiel et quelques autres amis gays dans un resto en vue, et on préviendra des photographes avant pour qu'ils nous shootent à la sortie, et pour montrer que vous êtes amis, rien de plus. Et que les Macron ont plein d'amis gays. »

Lorsqu'il partage avec moi cette anecdote des années plus tard, au *Nemours*, à côté du Louvre, Mathieu Gallet ne peut s'empêcher de rire, ça lui fait toujours le même effet. Et c'est communicatif : l'évocation de Bernard Montiel me replonge dans mon enfance avec l'émission *Vidéo Gag* sur TF1. Alors, imaginer le couple présidentiel et le chroniqueur de *Touche pas à mon poste !* en train de dîner avec Mathieu Gallet sous l'œil protecteur de Mimi Marchand (qui aurait eu cette idée lumineuse avec Pascal Houzelot, pour provoquer tout en tuant la rumeur) nous rend hilares. Quelques années plus tard, lorsque Mathieu Gallet croisera Mimi Marchand, Houzelot il lui lancera « qu'en tant que reine de la communication elle avait eu une drôle d'idée de nous mettre tous à table ». Pour comprendre pourquoi la patronne des paparazzis se retrouve à proposer ses services de communicante à celui qui est alors PDG de Radio France, il faut remonter des années plus tôt.

Mathieu Gallet fait partie de ces parcours fulgurants, comme la haute fonction française peut parfois en fabriquer. Né à Villeneuve-sur-Lot dans une famille de la classe moyenne, il rejoint Bordeaux, la grande ville d'à côté, pour intégrer Sciences Po. Il détonne avec le parcours classique de certains énarques pompeux qu'il croisera plus tard dans sa carrière, puisqu'il fait ses armes dans le privé, chez le géant français du cinéma Pathé, avant de rejoindre le haut du panier : le cabinet du ministre de la Culture. D'abord chez Christiane Albanel puis chez Frédéric Mitterrand, lors du quinquennat de Nicolas Sarkozy. Mathieu Gallet est jeune, beau, esthète, donc pour beaucoup de mauvais esprits, il aurait couché avec le nouveau ministre de la Culture pour arriver si haut si vite. C'est son premier contact avec la rumeur.

Le neveu de l'ancien président socialiste a une réelle affection pour Mathieu Gallet, mais dans le cadre d'une vraie relation de confiance et de respect. « Je connaissais son affection constante, connue de tout le monde depuis la parution du récit de ses années ministérielles. Elle fut utilisée contre moi quand ma carrière prit son envol avec ma nomination à la tête de l'Institut national de l'audiovisuel (INA) en 2010. J'étais le chouchou, le favori, le protégé, "Tancrède[1]" pour ses lecteurs. Je savais ce que je devais au ministre, je savais aussi ce qu'on en dirait[2]. » Fait du prince, excès de faiblesse pour son jeune collaborateur... Tous ces commentaires ont suivi Mathieu Gallet dans sa carrière. Qu'on apprécie ou pas son travail, son jeune âge et son physique avantageux lui ont valu un regard réprobateur d'après lui et son entourage : « Les procès en illégitimité furent d'ailleurs rapidement montés. Ils venaient d'élus de gauche pour qui la main sarkozyste qui avait signé le décret de nomination était forcément suspecte de privatisation rampante ; ils venaient de l'énarchie qui s'était étouffée de jalousie en voyant un poste enviable lui échapper au profit d'un petit marquis de cabinet ne devant sa promotion qu'au caprice d'un ministre éperdu[3]. »

Lorsqu'il était dans le cabinet du ministre Frédéric Mitterrand, Mathieu Gallet a vécu au premier rang la polémique lancée par Marine Le Pen sur le plateau d'Yves Calvi. En direct sur France 2[4], amplifiée par

1. Personnage irrésistible du chef-d'œuvre de Luchino Visconti, Palme d'or en 1963, *Le Guépard*, où Tancrède Falconeri est interprété par Alain Delon.

2. Mathieu Gallet, *Jeux de pouvoir*, *op. cit.*

3. *Ibid.*

4. *Ibid. Mots croisés*, octobre 2009.

les autres partis politiques, elle porte sur le livre du ministre, *La Mauvaise Vie* (Robert Laffont, 2005), paru plusieurs années avant sa nomination, dans lequel il racontait ses fantasmes et autres déboires sexuels en Asie du Sud-Est avec de jeunes hommes. Frédéric Mitterrand décide de se défendre au 20 heures : « La gauche, notamment, a ouvert la porte à des rumeurs immondes et autres accusations de pédophilie à son encontre qui perdurent encore aujourd'hui. C'est la première fois où je suis confronté si violemment à la rumeur et à ses conséquences », confie Mathieu Gallet. À cette époque, hormis Frédéric Mitterrand (qui n'adhérera jamais à l'UMP et fera partie de ces « personnalités d'ouverture »), il n'y a pas de membres du gouvernement Fillon qui se revendiquent homosexuels et qui pourraient le soutenir. La droite compte en ses rangs le sénateur Roger Karoutchi, qui a révélé son homosexualité dans une interview à l'AFP et dans un livre intitulé *Mes quatre vérités* (Flammarion, 2009), tout en restant totalement à l'écart de la lutte pour les droits LGBT, s'abstenant même en 2013 lors du vote pour le mariage pour tous au Sénat. Il n'a pas souhaité répondre à mes sollicitations sur son parcours.

Après la fièvre et le rythme des cabinets ministériels, Mathieu Gallet est nommé à la tête de l'INA, à 33 ans. Là encore, il devra essuyer les sous-entendus et les rumeurs sur sa « promotion canapé », car le président de l'INA est nommé par le ministre de la Culture, c'est donc Frédéric Mitterrand qui a proposé son fidèle directeur de cabinet. « J'ai vécu les premières attaques homophobes en tant que jeune homosexuel nommé par un ministre homosexuel. J'ai souvent fait le rapport entre l'homophobie et la misogynie dans ces milieux-là. La rumeur de promotion canapé, c'est très désagréable, pour vous, mais aussi pour vos proches. »

Les quatre années à l'INA sont difficiles[1], Mathieu Gallet décide de candidater à Radio France. Cette fois, ce sont les neuf membres du CSA qui l'élisent à l'unanimité président, en toute transparence. On ne peut soupçonner une promotion canapé. Quelques mois après son accession à l'un des postes les plus prestigieux du service public, il rencontre Antoine, quinze ans de moins que lui. Cette histoire d'amour est sérieuse et le nouveau PDG de Radio France souhaite désormais afficher sa vie personnelle. Il ne s'est jamais caché, mais pour Antoine, c'est différent, il sent que c'est le moment pour lui d'en parler plus librement, de se montrer, d'ouvrir un peu son intimité.

1. Mathieu Gallet a été reconnu coupable d'avoir favorisé deux sociétés de conseil auxquelles l'INA avait versé plus de 400 000 euros lorsqu'il était son directeur entre 2010 et 2014. Cela lui a valu en 2018 une peine de 30 000 euros d'amende pour favoritisme.

Côté politique, nous sommes en 2015, le mariage pour tous fête ses deux ans et La Manif pour tous s'est muée en Sens commun, organe conservateur fondé par Ludovine Dutheil de La Rochère qui fait du lobbying pour caser quelques-uns de ses représentants aux prochaines échéances politiques. La loi est entrée petit à petit dans la société et peu de maires refusent de l'appliquer. Pour autant, on ne peut pas dire que l'homophobie baisse ou que des figures politiques LGBT aient pu éclore.

Le bruit qui court

Radio France n'est pas un paquebot aisé à gouverner, Mathieu Gallet en fait les frais : motions de censure, manifestations, AG des syndicats, règlements de comptes dans la presse… chacune de ses décisions est accueillie avec défiance de la part des salariés de la radio publique. « Une crise de confiance vis-à-vis du patron, et surtout vis-à-vis de ses choix stratégiques pour l'avenir[1] », pouvait-on lire à la suite de la troisième grève en un mois. La défiance vis-à-vis du patron est notamment alimentée par les controverses de l'histoire du bureau de fonction réamé-

1. Communiqué de l'intersyndicale de Radio France, mars 2015.

nage : *Le Canard enchaîné* révèle que Mathieu Gallet aurait utilisé des fonds publics pour faire rénover son nouveau bureau à grands frais. Cette histoire accentue la méfiance en sa parole qui lui colle encore aujourd'hui.

« Mathieu, il faut que je te parle d'une rumeur qu'on entend dans les couloirs de la radio, on chuchote que tu sortirais avec Emmanuel Macron! » C'est Laurent Guimier, alors directeur de la radio France Info, qui le premier rapporte à Mathieu Gallet ce bruit qui s'entend depuis plusieurs semaines à la Maison de la Radio et bientôt dans le Tout-Paris. Une histoire d'amour entre deux hommes puissants : l'un est PDG de l'un des fleurons du service public français, l'autre est ancien énarque, ancien banquier d'affaires, ministre de l'Économie, le Jupiter en route vers l'élection présidentielle. L'histoire est digne d'une série américaine où pouvoir, sexe et politique seraient liés.

Le candidat à la présidentielle de 39 ans est marié avec son ancienne professeure de français, de vingt-cinq ans son aînée. Pour beaucoup de critiques, un homme aussi jeune, aussi puissant, ne peut pas être en couple avec une femme beaucoup plus âgée. Très souvent, on peut entendre : « Brigitte, c'est sa couverture. » Des critiques tout simplement misogynes à l'égard d'une femme libre comme Brigitte Macron. L'âge qui passe pour les femmes équivaudrait encore à une vie affective et sexuelle qui s'arrête pour de nombreux Français.

Qu'importe que les deux hommes ne se soient jamais rencontrés seuls, qu'ils soient tous les deux en couple et qu'ils ne soient pas particulièrement dans les mêmes cercles d'amis, l'histoire enflamme les réseaux sociaux, mais aussi les grands dîners parisiens et les rédactions euphoriques par la campagne présidentielle et ce nouveau *challenger* venu de Bercy sans aucun ancrage local ni mandat d'élu. À l'époque journaliste sur une grande chaîne nationale, j'ai moi-même entendu plusieurs fois certains de mes collègues les plus sérieux me soutenir mordicus qu'ils savaient d'une source très proche que les deux hommes se voyaient et couchaient ensemble. Et encore aujourd'hui, lorsque je raconte l'ouvrage et la teneur du sujet, on me demande si je parle du président et de sa prétendue double vie.

Mathieu Gallet reprend : « Avec Emmanuel Macron, on n'est pas intimes du tout, on s'est vus quatre fois dans notre vie, toujours dans des cadres professionnels. Au début, je prends la rumeur avec distance, je me demande si inventer une rumeur de ce genre a encore un impact sur une carrière politique. Et puis un jour, je comprends que ce n'est pas juste une rumeur parisienne. Ma grand-mère du Lot-et-Garonne m'appelle pour m'en parler et me dire qu'elle a reçu un mail étrange. Le choc, à 600 kilomètres de Paris. Ma famille, c'est ce que je protège plus que tout. Ma propre grand-mère est ciblée par les colporteurs de mensonges. » Dans le mail qu'a reçu mamie Geneviève, les ingrédients de la rumeur sont servis : liaison secrète, photos à paraître dans un hebdomadaire *people*, source très bien informée, proche des Renseignements généraux et de l'ancien président Sarkozy. Tout pour y croire. Puis ce sera sa marraine qui, dans un dîner, sera, elle aussi, obligée de démentir avec énergie la rumeur autour de son filleul, malgré l'insistance maladroite de ses convives. Tout le monde veut voir Mathieu Gallet avoir une liaison avec un candidat à l'élection présidentielle. Car si Emmanuel Macron ment sur sa vie privée, il ment forcément sur sa vie publique et sur son projet politique.

« Quand on connaît très bien le président et sa femme, on mesure l'absurdité de cette rumeur. Il regardait les réseaux sociaux lui-même et voyait déjà que ça montait. Très rapidement, on lui en parle librement », décrypte Mounir Mahjoubi, alors directeur numérique de la campagne d'Emmanuel Macron. Aux avant-postes sur les réseaux sociaux, il suit la montée de la rumeur : « En 2015-2016, certains pensaient encore pouvoir bloquer l'ascension d'un homme politique en laissant courir le bruit de son homosexualité cachée, et ça, c'est homophobe. » La campagne fait rage, la droite, très affectée par les révélations du *Canard enchaîné* sur les rémunérations de l'épouse de son candidat François Fillon, anime les foules avec un virage pro-Manif pour tous. Ainsi, pour Mounir Mahjoubi : « Il y a toujours une règle dans les campagnes sur les rumeurs, j'avais déjà fait celle de Ségolène Royal en 2007, et celle de François Hollande en 2012. On décide de parler d'une rumeur seulement si la prise de parole ne risque pas de plus la propager. Donc on faisait une veille des réseaux sociaux, avec plusieurs outils. On savait déjà que dans les dîners parisiens, ça tournait. Je connaissais très bien le président et j'avais plein d'amis en commun avec Mathieu Gallet, donc je savais pertinemment que c'était faux. »

La rumeur enfle et a un impact plus sérieux ; Mathieu Gallet est toujours PDG de Radio France, malgré les secousses et les accusations dont il est l'objet. Dans le cadre de ses fonctions, il voyage aux États-Unis, au cœur de la Silicon Valley, pour une visite des grandes firmes de la tech américaine. À Seattle, les géants du numérique sortent le tapis rouge, les Français de la Culture et de la radio publique qui viennent prendre conseil auprès des *geeks* de la côte Ouest, ce n'est pas tous les jours. Chez Amazon, on leur présente la nouvelle invention : Alexa, la voix intelligente qui fait tout pour vous, le grand jeu.

La supposée liaison Macron / Gallet fait le sel des réseaux sociaux, mais elle n'a pas encore atteint l'autre côté de l'Atlantique. À l'occasion d'une visite chez Google à Mountain View, Mathieu Gallet et son équipe rapprochée sont reçus autour d'une grande table avec des écrans géants dans toute la pièce aux couleurs de la radio publique française. « Welcome Radio France », peut-on lire. Il est question de réputation numérique et toutes les équipes américaines ont préparé une présentation des occurrences concernant « Radio France » sur l'Internet mondial. « Soudain apparut Radio France / Mathieu Gallet / Emmanuel Macron avec une croissance de requêtes supérieure à 500 % sur les dernières semaines. On se regardait tous autour de la table, très gênés, moi le premier. On se dit qu'il y a un sujet d'ampleur là… » Les résultats qui s'affichent sur les moteurs de recherche sont programmés pour faire en sorte que la France et le monde pensent que le futur président de la République française est homosexuel. C'est la première fois que ce sujet est mis sur la table dans une campagne sous la Ve République.

Avant cet épisode chez l'oncle Sam, Emmanuel Macron candidat avait brisé le silence autour de cette rumeur en plein rassemblement politique, faisant de ce racontar de dîners parisiens un événement politique. Il est 20 heures à Bobino, célèbre théâtre parisien et le candidat s'apprête à entrer en piste. « Je suis tel que je suis, je n'ai jamais rien eu à cacher, j'entends dire que je suis duplice, que j'ai une vie cachée ou autre chose [...]. C'est désagréable pour Brigitte, et comme je partage mes jours et mes nuits avec elle, elle se demande comment je fais. Je ne l'ai jamais rémunérée pour cela. Si on vous dit que j'ai une double vie avec Mathieu Gallet, c'est mon hologramme[1], mais ça ne peut pas être moi. » Mounir Mahjoubi s'en souvient : « Il y est allé tout seul, sans prévenir personne, hors texte, hors script. Au moment où il le fait, on se dit qu'il faut poster rapidement le passage sur les réseaux sociaux, il faut que notre version soit envoyée en premier. »

Mathieu Gallet est alors en train de dîner tranquillement chez une amie proche, entouré de Jean-Claude Gaudin, l'ancien maire de Marseille, ou encore du comédien Lambert Wilson – lui aussi victime, il y a quinze ans, loin des réseaux sociaux, d'une rumeur sur une prétendue liaison avec l'ancien Premier ministre, Dominique de Villepin.

Les convives sont attablés, loin des préoccupations de la campagne présidentielle, ils se retrouvent entre amis et discutent de la vie de tous les jours. Mathieu Gallet est un invité poli, du style à ne pas sortir son téléphone à table, mais il y est contraint

1. En référence au double *meeting* de Jean-Luc Mélenchon, le candidat de La France insoumise.

tant son portable ne fait que sonner et vibrer à travers la pièce. Des messages d'amis, de proches et de journalistes fusent et portent tous sur ce qu'Emmanuel Macron a dit. Mathieu Gallet bascule sur Twitter et découvre les déclarations devant une salle comble en plein *meeting*, provoquant l'hilarité des personnes sur scène : « On n'en avait jamais parlé ensemble avant, on ne s'était pas concertés, c'était violent. Il aurait pu me prévenir, je me suis toujours battu pour mon droit à l'indifférence. Ni dissimulation ni revendication pour ce que je considère comme banal : ma vie amoureuse. » En prononçant son nom devant la France entière, en démentant la rumeur, en mettant Mathieu Gallet au centre d'un règlement de comptes politique, Emmanuel Macron ne lui fait pas un cadeau : « J'en voulais à Macron de m'avoir considéré comme un dommage collatéral de cette fureur comme seules les campagnes présidentielles peuvent créer. J'aurais apprécié un SMS de sa part pour me dire en amont ce qu'il comptait faire. »

Le PDG de Radio France commence à comprendre qu'il n'est qu'au début de ses problèmes. Internet s'empare de l'affaire, à tel point que c'est le fruit de cette prise de parole au théâtre Bobino que l'on retrouve sur les écrans de la Silicon Valley. De retour de sa tournée américaine, sa vie est perturbée. Quand Emmanuel

Macron visite Radio France, il faut être vigilant à ce que les photographes ne les prennent pas en photo en train de discuter ensemble. Il est d'usage que le PDG vienne saluer tous les candidats à la présidentielle, mais quand vient le tour d'Emmanuel Macron, une surveillance maximale digne de Fort Knox est de rigueur. Lors de la traditionnelle poignée de main, des dizaines de paires d'yeux les scrutent, les deux hommes se sentent obligés de se la serrer de la manière la plus virile possible, comme le raconte avec humour Mathieu Gallet : « On en fait des tonnes, en mode : "Salut, mec, viens que je t'écrase cette main!" » Ils remettent ça lors d'une rencontre de l'Association des maires de France qui se tient à la Maison de la Radio, où un photographe se fera même réprimander pour avoir pris des clichés lorsque les deux hommes sont présents en même temps. Passé Bobino, cela ne doit plus se voir pour le candidat.

Pour Mathieu Gallet et d'autres personnes interrogées dans cet ouvrage, la rumeur vient de la gauche socialiste, au pouvoir à l'époque : « Les naïfs de 2014 étaient devenus les sycophantes de 2016. L'entourage du Premier ministre Manuel Valls ne s'était d'ailleurs pas privé de relayer la première rumeur concernant l'homosexualité d'Emmanuel Macron, à qui l'on prêtait, dès 2015, une aventure avec l'un de ses gardes du corps. La gauche avait enfanté son fossoyeur. Elle ne pouvait le croire mais elle sentit quand même l'ambitieux prêt à toutes les audaces, toutes les transgressions, toutes les trahisons[1]. » Lorsque j'évoque cette accusation en entretien avec l'ancien Premier ministre Manuel Valls, il n'apprécie pas : « C'est fondamentalement dégueulasse, j'aurais dû d'ailleurs décrocher mon téléphone et l'appeler lorsqu'il a écrit son livre. Il est vrai que la rumeur m'est remontée, mais je n'en étais pas l'instigateur ni mon entourage. C'est un garçon brillant et intelligent, mais Mathieu Gallet en veut à la terre entière, qu'il ne me mette pas ça sur le dos. »

Dans cette histoire, ce n'est pas tant l'origine de la rumeur qui est importante, mais le fait qu'elle soit révélatrice de la nuisance, quasiment *ad vitam aeternam*, pour les victimes. Depuis cette affaire, Mathieu Gallet a quitté le milieu de la haute fonction publique avec une condamnation pour favoritisme après ses années INA. Il est devenu *persona non grata* : « Je sais maintenant qu'il y a eu des pressions de la part de l'exécutif sur le CSA pour que je quitte mes fonctions, il ne fallait surtout pas que l'on puisse penser que j'avais un traitement de faveur de la part de l'Élysée. Il ne fallait pas donner de la crédibilité à la rumeur donc il fallait

1. Mathieu Gallet, *Jeux de pouvoir*, *op. cit.*

que je parte. » L'homme est encore amer, malgré les années qui passent et une nouvelle aventure professionnelle dans le podcast.

Comment se reconstruit-on après une rumeur ? Comment tient-on quand son intimité est utilisée dans un jeu politique ? Pour Mathieu Gallet, pas de doute, le fait d'être homosexuel l'a rendu plus résilient face à la crise : « Je pris d'ailleurs conscience tardivement que ma capacité de résistance trouvait certainement son origine dans la carapace que j'avais dû me constituer très jeune quand j'avais compris que j'étais différent. Mon meilleur ami Nicolas n'a jamais eu un jour à aller voir ses parents pour leur dire qu'il préférait les filles, c'est encore une épreuve pour de nombreux LGBT de se "révéler" d'abord à leurs proches. »

Mathieu Gallet a recroisé il y a quelques mois Brigitte Macron, avec qui il n'a pas abordé ce sujet. La rumeur court encore, ainsi que lui a rapporté son compagnon actuel, qui y a été confronté lors d'un dîner parisien. « Ils n'ont pas envie de ne pas y croire, l'impression laissée par une rumeur dure très longtemps, trop longtemps. » Il faut comprendre que les dimensions homophobes ou misogynes de toutes ces rumeurs partent du postulat qu'être LGBT, c'est être marginal, « sale », avoir une identité indésirable, quelque chose de tellement honteux que le simple fait de le révéler anéantit tout espoir de carrière politique pour les concernés.

À qui profitent ces fausses informations ? Il faut regarder très souvent vers le camp politique adverse. Le but premier de la rumeur, c'est de nuire. Elle peut venir aussi de son propre camp, comme on a pu le voir récemment à la mairie de Saint-Étienne, avec le chantage à la *sextape* du maire Gaël Perdriau contre son adjoint Gilles Artigues[1]. Mais la rumeur ne convainc que ceux qui sont déjà convaincus ou ont envie de l'être. Elle peut parfois être avérée tout en allant à l'encontre des souhaits des personnes concernées. Quoi qu'il en soit, cela se fait au détriment de ceux qui n'ont rien demandé et voient leurs vies professionnelle et personnelle bouleversées.

---

1. Le maire de Saint-Étienne a été mis en examen le jeudi 6 avril 2023, sept mois après les révélations de chantage à la *sextape* par Mediapart visant son ancien premier adjoint, Gilles Artigues. Gaël Perdriau aurait menacé l'élu centriste pendant près de huit ans en lui ayant tendu un piège. L'édile et ses proches collaborateurs ont monté une rencontre entre un homme prostitué et l'adjoint au maire en vue de le faire chanter.

Chapitre 12

Il a failli y avoir un ambassadeur gay au Vatican

« Je me suis retrouvé dans un salon de Sainte-Marthe, au Vatican, avec le pape François, pour me présenter et lui parler de moi, mais aussi de la France », s'ébahit encore des années plus tard Laurent Stéfanini, diplomate et ambassadeur français.

L'ancien chef du protocole de la République (2010-2016) n'est pas un politique, il n'a jamais été élu. Mais, dans ses fonctions, il a beaucoup fréquenté ce monde et a été appelé à travailler avec trois présidents de la République successifs, Jacques Chirac, Nicolas Sarkozy et François Hollande, en diplomate qu'il est, appartenant à l'un des grands corps de l'État, celui chargé de nous représenter dans le monde entier. Lors de l'audience avec le Saint-Père d'avril 2015, son homosexualité fut vite évacuée : « Qui suis-je pour juger? » rappela le pape. Malgré cela, Laurent Stéfanini n'obtiendra pas le poste d'ambassadeur auprès du Saint-Siège. L'histoire de cette quasi-nomination illustre les obstacles que peut engendrer l'orientation sexuelle.

Chef d'orchestre de l'Élysée

Le haut fonctionnaire est un homme discret et apprécié de toutes les mandatures – un ancien conseiller du président Hollande me parle d'un être à la fois solaire et mystique. Natif de Saint-Germain-en-Laye, banlieue cossue des Yvelines, il s'épanouit dans un milieu bourgeois intellectuel avec des parents aimants et ouverts. « Pour ce qui me concerne, dans ma jeunesse, l'homosexualité n'était un sujet ni pour ma mère, ni pour mon père, et je n'ai jamais été dans un environnement familial homophobe, au contraire. » Dans les années 1980, le sida faisant des ravages, sa mère l'a incité à la prudence en se plaçant sur un plan sanitaire plus que moral.

Laurent Stéfanini passe par Sciences Po Paris, New York University et l'ENA, promotion Léonard de Vinci sur les mêmes bancs que Richard Descoings[1] futur directeur de Sciences Po, Pascaline Bongo ou le puissant directeur de cabinet du président Macron, Patrick Strzoda. « Quand j'étais jeune, je savais que l'homosexualité était une réalité naturelle très minoritaire et qu'il valait mieux que cette orientation non choisie reste une partie de ma vie privée. Ce n'était pas la peine de l'afficher. À cette époque, les homosexuels se battaient pour leurs droits et ils revendiquaient ostensiblement leur orientation pendant les *gay prides* ; je n'y ai jamais participé, par choix. »

Les années passent et Laurent Stéfanini gravit les échelons de la diplomatie française. Son homosexualité n'est toujours pas un sujet et c'est très bien comme cela. « Mon homosexualité ne m'a jamais empêché de réussir. Je ne mentais pas lorsque l'on me posait la question, mais je ne l'affichais pas ; j'ai toujours été un fervent défenseur de la vie privée de chacun. » Après avoir travaillé à la Mission permanente française auprès des Nations Unies au début des années 1990, il est plus tard ministre-conseiller à l'am-

1. Voir le livre-portrait de Raphaëlle Bacqué, *Richie* (Grasset, 2015), dans lequel elle revient notamment sur l'homosexualité du personnage et ses fréquentations.

bassade de France auprès du Saint-Siège entre 2001 et 2005 ; à son départ, le pape Jean-Paul II le fera commandeur avec plaque de l'ordre de Saint-Grégoire le Grand, un honneur qu'apprécie celui qui ne voit aucune incompatibilité entre homosexualité et foi catholique.

De retour à Paris, Laurent Stéfanini occupe le poste de chef du protocole, véritable coordonnateur des déplacements officiels et des sommets. Cette fonction stratégique contribue à l'image de la France à l'étranger. Chef adjoint du protocole déjà, de 1996 à 2001, il a travaillé avec Jacques Chirac, Alain Juppé et Lionel Jospin. Il rejoint, comme chef du protocole, Nicolas Sarkozy en 2010, l'époque notamment des printemps arabes comme de crises en Afrique et en Afghanistan. Il fait ses preuves dans ce contexte difficile et est maintenu à ce poste par le nouveau président de la République en 2012 – chose peu commune dans la haute administration française, dès lors qu'il y a alternance. Il est vrai que François Hollande et Laurent Stéfanini se connaissent depuis l'époque où, maîtres de conférences à Sciences Po tous les deux, ils faisaient passer des oraux ensemble. L'excellente réputation du haut fonctionnaire traverse les clivages politiques.

La cinquantaine alors, il cultive sa discrétion : « D'abord inconsciemment puis délibérément, j'avais fait le choix de ne pas revendiquer ma sexualité, risquant de me heurter à une forme d'incompréhension de la part de nombre de personnes qui pouvaient me nuire. » Pourtant, malgré ces précautions, il voit son homosexualité dévoilée et manipulée par quelques collègues malveillants.

Quand une carrière est empêchée par l'homophobie

« J'ai, à différentes étapes de ma carrière, cherché à respecter scrupuleusement la doctrine religieuse de l'Église qui évolue et accepte plus facilement aujourd'hui [la] réalité, car elle est consciente que l'homosexualité n'est pas choisie. » Aussi, intéressé par le poste d'ambassadeur de France auprès du Saint-Siège, Laurent Stéfanini fait part de son souhait au président Hollande. Il a tout du candidat solide, il connaît déjà les milieux de la Curie romaine pour avoir travaillé pendant quatre ans à l'ambassade de France auprès du Saint-Siège et les liens qu'il entretient avec de nombreux prélats sont excellents. François Hollande abonde en ce sens : « Laurent Stéfanini est un homme de confiance et un fin connaisseur du monde diplomatique, il occupait le poste de chef du protocole, les yeux de l'Élysée. J'ai évidemment été d'accord et enthousiaste lorsqu'il m'a parlé de son envie de représenter la France à Rome. » Le président prend note, mais ne prend pas d'engagement.

En 2014, on annonce la vacance du poste d'ambassadeur d'ici à quelques mois. Laurent Stéfanini rappelle au président et au ministre des Affaires étrangères de l'époque, Laurent Fabius, le vif intérêt qu'il porte à la fonction. Les deux hommes lui apportent leur soutien : vous avez bien travaillé toutes ces années, vous méritez une belle mission diplomatique, lui disent les deux hommes en substance. Le haut fonctionnaire est proche d'atteindre l'un des objectifs de sa carrière et de sa vie personnelle : se rapprocher du Vatican. Un projet de décret sort vite du chapeau, mais se retrouve d'entrée face à un premier blocage, en interne. La politique est un monde cruel, où tous les coups sont permis, même les plus personnels; Laurent Stéfanini l'apprend à ses dépens, lui qui a protégé sa vie privée coûte que coûte.

Le prestigieux poste à Rome aiguise les appétits au Quai d'Orsay ainsi qu'à Matignon. D'après Laurent Stéfanini, il n'y a pas de doute : c'est en raison d'intentions malveillantes dans les ministères que son homosexualité est mise sur la place publique. Et cela lui a coûté son poste. A posteriori, différents ministres et hauts fonctionnaires qui ont souhaité garder l'anonymat sont persuadés que le Premier ministre de l'époque, Manuel Valls, a joué sa partition en favorisant certains de ses contacts. Interrogé par mes soins à ce propos, Manuel Valls dément formellement, tout en reconnaissant qu'il y a eu des jeux de pouvoir comme très souvent autour de ces postes prestigieux : « On peut s'intéresser aux rumeurs, mais ne pas y prêter attention plus que ça. Moi, je n'ai jamais favorisé quiconque à ce poste, honnêtement, j'étais par principe d'une neutralité absolue. »

Fin décembre 2014, Laurent Stéfanini est convoqué par le président Hollande, qui l'interroge sur ces révélations. Un mois plus tard, le président lui réitère son soutien, mais lui enjoint de faire la tournée de la Curie et des autres hommes de foi qui composent l'écosystème du Vatican pour se présenter, rassurer, apaiser. La rumeur qu'un ambassadeur gay serait nommé au Saint-Siège agace à Rome. Il faut que Laurent Stéfanini dialogue : commence alors la tournée des hauts dignitaires catholiques français.

Le décret est néanmoins adopté en Conseil des ministres, le 5 janvier 2015 : « M. Laurent Stéfanini est proposé pour l'agrément en tant qu'ambassadeur de France auprès du Saint-Siège. » Dans le cas des nominations diplomatiques, il y a deux décrets, le premier, non publié au *Journal officiel*, propose le futur ambassadeur à l'agrément des autorités étrangères, puis le second, publié une fois la candidature agréée par le pays d'accueil. Une procédure classique au Quai d'Orsay. Lors du premier Conseil des ministres de janvier, Laurent Stéfanini participe exceptionnellement, afin de préparer les vœux de début d'année, l'une des prérogatives importantes du chef du protocole. Alors qu'il poursuit sa campagne pour rassurer le Vatican, certains collègues s'affairent au contraire en coulisses pour faire échouer cette demande d'agrément via la presse et par des contacts au Saint-Siège.

Quelque temps après, un premier article sort dans le *JDD*[1] pour annoncer les difficultés concernant sa nomination au Saint-Siège. Alors que Laurent Stéfanini fait campagne pour rassurer le Vatican, du côté du Quai d'Orsay on s'affaire pour le doubler. Les autres candidats – Emmanuelle d'Achon, directrice des Ressources humaines du Quai et ancienne ambassadrice en Irlande, Bertrand Besancenot, ambassadeur en Arabie saoudite et René Roudaut, en poste à Berne en 2015 (les deux derniers mariés et pères de famille)

1. Marie-Christine Tabet, « Pas d'ambassadeur gay au Vatican », *Le Journal du dimanche*, 8 avril 2015, https://www.lejdd.fr/Societe/Le-pape-Francois-ne-veut-pas-de-l-ambassadeur-francais-propose-par-Francois-Hollande-727092-3171206.

– feraient courir le bruit que le pape serait contre sa nomination à cause de son homosexualité, qu'il considérerait comme une énième provocation de la France après le mariage pour tous[1]. L'objectif : se débarrasser de Stéfanini et faire porter le chapeau à l'Église, puis s'ériger en sauveur avec l'une de leurs candidatures. Les articles se multiplient, l'homosexualité est dévoilée : « Pour mes ennemis du Quai d'Orsay, c'était plus facile de torpiller ma candidature dans la presse comme *Le Canard enchaîné*, de tradition anticléricale, plutôt que d'aller faire du lobbying auprès de l'Église qui, elle, connaissait mes qualités. » L'agrément censé passer comme une lettre à la poste prend des mois à être approuvé. Le chef du protocole s'en inquiète auprès des dignitaires religieux parisiens qui lui confirment ses doutes. Il décide de prendre la plume et d'écrire au pape directement, son dernier espoir : « Je suis dans un état de révolte à ce moment-là, en tant que diplomate, en tant que chrétien et aussi en tant qu'homosexuel. »

1. En 2013, le Vatican avait fait part de son opposition au mariage pour tous.

Face au pape

Plusieurs semaines passent, sans aucune nouvelle. Laurent Stéfanini, toujours occupé par ses exigeantes fonctions, décide d'aller chercher lui-même sa réponse sur place Vatican. Il y parvient grâce à ses précieux correspondants glanés au fil des années dans le milieu romain, notamment lorsqu'il y était en poste dix ans auparavant : « Il a même réussi à aller par lui-même voir en vrai, preuve de sa motivation sans faille pour ce poste », se souvient François Hollande dix ans après. L'estime qu'on lui porte et la qualité de ses interlocuteurs romains le conduisent à rencontrer le pape, en fin de journée, un vendredi soir d'avril, à Sainte-Marthe.

Impressionné par la perspective de cette audience inattendue et inhabituelle, en tête à tête, il fait un rapide tour des basiliques romaines pour se recueillir et trouver les mots justes, une sorte de mini-pèlerinage.

L'heure du rendez-vous approche, le haut fonctionnaire est escorté jusqu'au Saint-Père dans l'enceinte du Vatican.

« J'ai face à moi le pape François qui me regarde avec un air fermé, surpris sans doute de devoir recevoir un futur possible ambassadeur non encore agréé. Mais il se détend peu à peu à la faveur de prières en commun. Il m'interroge sur la France et m'écoute avec attention. Un vrai échange s'engage qui durera quarante minutes, à l'issue duquel le pape me serre dans ses bras, me donne une image de saint Joseph à prier et me dit "à bientôt". Je suis sorti de l'audience très ému et pour tout dire persuadé que j'avais réussi mon "entretien d'embauche". »

Pour autant, l'agrément n'arrive toujours pas et la nomination ne débouche pas : « Je pense que les manœuvres depuis Paris m'avaient déjà coûté le poste au moment où j'ai eu cette audience. » La situation est bloquée et il n'y a pas d'ambassadeur à Rome pendant un an. Laurent Stéfanini demeurera ambassadeur « in peto » pendant seize mois.

Quelques mois plus tard, une visite du cardinal de Rome est organisée, il souhaite rencontrer François Hollande. Le président profite de ce moment pour tenter de comprendre ce qui entrave la confirmation de la nomination de Laurent Stéfanini, en vain. Le siège à Rome demeure vacant, Laurent Stéfanini est ambassadeur désigné pendant un an et demi, sans les ors et les couronnes, juste le premier décret signé par le président en janvier 2015. Le président s'impatiente, sonne la fin des ambitions de l'énarque et clôt à jamais le dossier : « Cela faisait un an et demi que ça traînait, il fallait à tout prix reprendre nos relations diplomatiques avec le Saint-Siège et par ricochet avec l'Italie, je n'avais pas le choix que d'intervenir », se justifie l'ancien président Hollande. Du côté de l'Élysée, le successeur tarde à être nommé.

En définitive, tous les candidats rivaux de Stéfanini se sont retrouvés perdants dans cette histoire, puisque aucun d'entre eux ne fut nommé. Les mauvais génies ont nui à tout le monde et ont participé à entacher les relations franco-vaticanes. Pire, ils ont *outé* un homme qui n'avait rien demandé : « À partir du moment où l'affaire était devenue publique et si mal engagée, le Saint-Siège ne pouvait pas me donner l'agrément. Au fond de moi-même, je sais que j'ai été victime d'abord et avant tout d'une cabale de collègues malveillants. Mon homosexualité n'a été qu'un prétexte. Elle n'importait au fond ni au président de la République ni au pape. Il n'en reste pas moins que ma vie privée a fait l'objet d'une publicité inadmissible et inopportune. »

Ambassadeur aux droits LGBT+, un nouveau poste

Hasard ou volonté de faire le ménage, en 2022, Emmanuel Macron met en place une refonte totale du Quai d'Orsay, travaillant à l'Élysée à l'époque des malheurs de Stéfanini. Il pilote avec Alexis Kohler la « mise en extinction » des deux corps historiques du Quai – les conseillers des affaires étrangères et les ministres plénipotentiaires. « La diplomatie est un métier avec des spécificités, j'en suis conscient », a assuré Emmanuel Macron, en ajoutant : « Un métier n'a pas besoin de corps pour exister[1]. »

D'autres diplomates français sont LGBT, dont certains médiatiques tel Gérard Araud, qui a été en poste aux États-Unis de 2014 à 2019. Et depuis octobre 2022, un ambassadeur aux droits LGBT+, Jean-Marc Berthon, a été nommé par le ministre des Affaires étrangères sur conseil du président Macron. Son rôle consiste à porter la voix et l'action de la France sur ces questions, en s'appuyant pour cela sur l'ensemble du réseau diplomatique français. Dans toutes ces missions, il rappelle l'engagement de la France en faveur de la dépénalisation universelle de l'homosexualité et de la défense des droits des personnes LGBT. Il apporte tout son soutien aux organisations de la société civile qui œuvrent souvent dans des conditions difficiles. Dans 61 pays, les relations entre personnes de même sexe sont illégales et dans onze d'entre eux, elles sont passibles

1. Discours de clôture des état géneraux de la diplomatie, mars 2023.

de la peine de mort. C'est le cas notamment de la Mauritanie, du Nigeria, de l'Iran, de l'Afghanistan et du Qatar. Interrogé par France Culture lors de sa nomination, Jean-Marc Berthon sait que la tâche ne sera pas simple : « La souveraineté des États est indiscutable, et la diplomatie, par définition, est non violente. C'est le contraire de la guerre. Il y aura toujours cette limite. À la fin, c'est notre partenaire qui choisit la voie dans laquelle il veut s'engager. Ma mission sera réussie si plusieurs pays décident d'abroger ou de suspendre leurs lois contre les personnes gays, lesbiennes ou trans. »

Laurent Stéfanini a quant à lui terminé sa mission en tant qu'ambassadeur de France à Monaco et attend patiemment sa prochaine nomination, toujours loin du Saint-Siège. La diplomatie, domaine particulier de la vie politique, avance elle aussi sur les thématiques LGBT, malgré l'affaire Stéfanini.

Chapitre 13

Les insultes

« Au commencement, il y a l'injure. Celle que tout gay peut entendre à un moment ou à un autre de sa vie, et qui est le signe de sa vulnérabilité psychologique et sociale.

“Sale pédé”, “sale gouine”, ne sont pas des simples mots lancés au passage. Ce sont des agressions verbales qui marquent la conscience. Ce sont des traumatismes plus ou moins violemment ressentis sur l'instant mais qui s'inscrivent dans la mémoire et dans le corps. »

Didier Éribon[1]

1. *Réflexions sur la question gay*, Paris, Fayard, 1999.

Bien avant de commencer l'écriture de ce livre, j'avais commencé à mettre de côté tous les posts sur Twitter d'élus victimes d'attaques homophobes. Spontanément, j'apportais mon soutien avec un « J'aime », en me disant que je voulais archiver ces insultes 2.0, sans trop savoir encore ce que je voulais en faire, ni en dire. L'opprobre n'a pas de couleur ni de fonction politique, j'ai vu tous types d'élus (maires, conseillers municipaux, ministres, militants...) être confrontés à ces agressions numériques.

Parfois, cela prend la forme d'un courriel menaçant, directement adressé à l'édile sur son lieu de travail, d'autres fois, c'est une lettre directement envoyée à la personne visée chez elle. Je me suis toujours dit qu'il fallait avoir du temps à perdre pour prendre la peine de payer un timbre et poster un courrier uniquement dans le but d'insulter une personne en raison de sa sexualité. C'était sans compter les réseaux sociaux qui ont décomplexé les pratiques. Derrière l'anonymat d'un pseudo, ce sont les pires atrocités qui sont véhiculées : « contre nature », « sale fiotte », « sale pédé » et j'en passe.

Ce n'était pas mieux avant

Jean-Luc Romero-Michel me donne rendez-vous dans son bureau près de l'Hôtel de Ville. Tout en répondant à mes questions, il trie et lit rapidement son courrier. C'est un personnage atypique de la politique française : gay, séropositif et très sociable, il peut se lier à des personnalités aussi éloignées les unes des autres que Line Renaud, Sheila ou encore des réfugiés tibétains de son arrondissement parisien. Un homme de 65 ans très actif sur les réseaux sociaux où il documente quotidiennement sa vie de militant avant tout. « Depuis le début de mes combats, d'abord au RPR en tant que conseiller régional, et même avant mon *coming out*, j'ai toujours reçu des insultes et des menaces. Le fait d'avoir été *outé* par des personnes malintentionnées [qui cherchaient à] freiner ma carrière politique n'a fait que confirmer que je faisais le bon choix en continuant à m'exposer. Depuis quelques années, j'ai installé un filtre sur Twitter pour ne plus voir certaines menaces et insultes. J'ai 65 ans, ça me protège. » Il fait ainsi le récit de toutes les insultes qu'il a reçues depuis le début de son entrée en politique, mais aussi de la difficulté de s'épanouir dans un parti de droite, de l'apaisement qu'il vit désormais loin des querelles partisanes près de la gauche parisienne.

Lors de la discussion, un courrier écrit entièrement à la main attire l'attention de l'adjoint à la maire. Il l'ouvre et tombe sur un psaume comparant l'homosexualité à un péché. Jean-Luc

Romero-Michel a déjà réagi publiquement aux propos similaires du pape François tenus lors d'une conférence de presse à bord d'un avion. Mais l'élu y porte peu d'attention, il a déjà reçu pire. Quand il se marie en 2013 avec Christophe Michel, il est victime de montages photos homophobes : « C'était terrible, mon mariage a eu lieu un vendredi, j'ai voulu qu'on parte dès le week-end en voyage de noces et donc je n'ai pas regardé les réseaux sociaux. Puis, le soir, de retour d'une comédie musicale, je me rends compte qu'un grand nombre de profils en ligne ont été créés. "J'encule Romero", "Romero enculé", tout ça. Ça m'a blessé, mais c'était du numérique, donc je suis passé à autre chose. Le pire, ce fut un drap blanc avec de la merde et, au milieu, un mot : "Le mariage est consommé", et ça, ça m'a traumatisé. J'ai trouvé ça tellement sordide et abject. » Depuis ce jour-là, Jean-Luc Romero-Michel se tient le plus possible à distance des invectives sur la Toile.

Porter plainte, se faire justice

Quant à la façon de réagir, Ian Brossat, le porte-parole du Parti communiste français, est intransigeant : chaque insulte doit être dénoncée. « J'en ai reçu d'abord sur Twitter et donc j'ai porté plainte. Et j'ai gagné. Je crois que j'en ai eu marre, à un moment donné, j'ai voulu marquer un stop, demander justice. Donc à ce moment-là, je l'ai fait. Je me suis dit que ça donnerait de la force à ceux qui n'osent pas le faire. En tout cas, réaffirmer que l'homophobie est interdite et que ça constitue un délit. Ça suppose qu'il y ait des condamnations de temps en temps qui tombent. » Sa mère lisait parfois les commentaires en ligne, et « ça la rendait dingue… ». Il est le seul des politiques interrogés à avoir rencontré son agresseur et à lui avoir fait face : « Je me souviens très bien, je suis allé à l'audience et j'ai pu voir le visage de ce gars. Sur les réseaux, il était anonyme. La police a cependant mené son enquête, il a été identifié et convoqué au tribunal. J'ai été très désarçonné parce que, au fond, c'était un pauvre type. Il était homophobe, assurément. Je crois qu'en plus il avait déjà été condamné. Mais le voir comme ça, face à moi, sur le banc des accusés, ça m'a presque fait pitié. » Son agresseur, célibataire, touche le Revenu de solidarité active (RSA). Le communiste ne s'est pas senti à sa place; pour lui, il faudrait pouvoir construire un dialogue de façon systématique. Depuis, pour préserver sa santé mentale, il a choisi de restreindre l'accès aux commentaires de ses publications à ceux qui le suivent sur les réseaux sociaux uniquement.

Pareil pour les lettres, ce sont ses collaborateurs qui les réceptionnent et les traitent : « Je me suis créé une bulle, c'était nécessaire pour continuer mon engagement. »

Face à la haine, la discrétion est encore de rigueur

Parfois, la menace dépasse le cadre du message publié sans un passage à l'acte. Clément Beaune a eu très peur il y a quelques années, alors qu'il parcourt Facebook ; il tombe sur un message vocal d'une personne qu'il ne connaît pas, et qui lui assène des menaces de mort à caractère homophobe. Derrière une voix dure et déterminée, la personne semble très bien connaître son quotidien.

Il est impossible de dire que ces expositions à tant de haine n'ont pas un impact sur la trajectoire des personnes que j'ai pu rencontrer. La violence, même numérique, qui entoure l'exercice de leur mandat est éreintante. Si elles prennent position sur certains sujets – qui n'ont rien à voir avec les luttes LGBT, mais qui peuvent être clivants pour une partie de la population comme la question migratoire ou la réforme des retraites –, elles savent d'office qu'elles feront l'objet d'insultes ciblées sur leur orientation sexuelle.

Elles savent aussi qu'en le disant leur homosexualité sera systématiquement détournée pour décrédibiliser leurs choix politiques. Dernier cas en date : la nomination du ministre de l'Éducation nationale Gabriel Attal à l'été 2023. Ouvertement gay, après l'*outing* de l'avocat et activiste Juan Branco, son ancien camarade à l'École alsacienne, Gabriel Attal a pris très discrètement la parole sur le sujet, préférant ne pas en faire une vitrine. À peine a-t-il été nommé que le sulfureux ancien ministre et millionnaire français Philippe de Villiers s'est fendu d'une réaction : « La nomination de Gabriel Attal pour remplacer Pap Ndiaye est la catastrophe de l'été : c'est le passage du woke au LGBT. Attal est un militant, un membre éminent du groupe Bilderberg, partisan de la rééducation nationale. Macron a rendu son devoir de vacances : changer de société… », faisant le parallèle entre l'homosexualité de l'élu de 34 ans et ses futurs agissements en tant que ministre à Grenelle. Pour cette frange de la droite homophobe, choisir un ministre gay chargé de l'éducation et de la scolarité des enfants, c'est les jeter dans les bras de la « propagande LGBT[1] ».

J'ai cherché à contacter Gabriel Attal pour revenir sur les réactions homophobes que sa nomina-

1. Voir chapitre 10 « Gay au RN ».

tion a pu susciter, sur le doute qui persiste chez ses opposants sur le traitement neutre de ce sujet, sur la symbolique d'avoir, pour la première fois en France, un ministre de l'Éducation nationale homosexuel. Il n'a pas voulu commenter cet angle avec moi, comme me l'a expliqué de manière très franche son entourage : « Gabriel ne souhaite en aucun cas qu'on puisse se servir de son orientation sexuelle comme d'une loupe pour juger son travail et son implication. Il n'est pas aussi à l'aise que Clément Beaune ou Olivier Dussopt sur le sujet. C'est même trop tôt pour lui avant d'avoir le recul suffisant et de se positionner quant à la visibilité LGBT au sein de l'Éducation nationale. »

Dans les médias américains, on se laisse plus facilement prendre au jeu de la confession intime. De passage aux États-Unis pour une tournée politique, Gabriel Attal avait tenu un discours militant et engagé : « You can be young, gay, and committed to society. I think it's this message of confidence to the young generation that President Macron also wanted to send by appointing me Minister at 29[1]. » Il ne s'exprime pas plus que le

1. « On peut être jeune, gay et s'engager pour la société. Je pense que c'est le message de confiance que le président Macron souhaitait aussi transmettre à la jeune génération en me nommant ministre à 29 ans. »

strict minimum sur le sujet. Ne pas en faire un marqueur politique est son leitmotiv.

Mettre de la distance pour moins subir ?

Ce qui m'a beaucoup marquée au moment d'interroger les politiques LGBT sur la souffrance qu'ils subissent au quotidien, c'est la relative distance qu'ils instaurent entre les insultes et eux. Comment demeurent-ils impassibles, du moins en apparence, face à ces torrents de haine ? Ils ont choisi d'être des personnalités publiques, pas d'être attaqués pour leur orientation sexuelle, pour ce qu'ils sont, pour leur choix de partenaires.

Alice Coffin, toujours militante et très active, a connu la fameuse « goutte de trop » : « C'est extrêmement violent, ça a modifié mes choix d'apparitions médiatiques, ça change la vie. À l'été 2020, j'ai dû partir en vacances sous protection policière, des gendarmes sont venus inspecter ma maison de vacances, celle où je pars régulièrement. Mon adresse a été dévoilée, j'ai reçu des milliers de menaces de mort. L'épuisement que ce stress provoque, franchement, ça a de l'impact psychologique. » Elle représente la cible idéale des raids sur les réseaux sociaux : femme, élue militante au conseil de Paris, ancienne journaliste, lesbienne. Comme sa collègue Sandrine Rousseau (hétérosexuelle comme pour ses positions écoféministes), elle essuie depuis de nombreuses années, à chaque sortie médiatique, un flot d'insultes.

Alice Coffin gère seule ses messages, elle n'a pas d'équipe ou de conseillers à l'instar de certaines autres politiques comme Ségolène Royal ou Roselyne Bachelot, et se déplace en transports en commun : « Des gens de mon entourage, comme ma maman, signalent les attaques sur Twitter. Alors je lui dis : “Non, ne réponds pas, Maman.” Moi, je ne bloque pas. Je ne bloque jamais personne sur Twitter, mais ça, c'est plus dans une démarche journalistique. Je ne bloque pas non plus mes commentaires sur Facebook parce que je trouve que ça laisse des traces et que c'est important qu'on sache la lesbophobie que je subis. Il y a des jours où je réponds, d'autres où je m'abstiens. C'est pire si je passe à la radio ou à la télévision, ça déclenche les hostilités. Je me tiens au courant, ça me permet de nourrir mon combat contre le cyberharcèlement. En revanche, il y a des insultes impardonnables et qui ne sont pourtant pas les plus *trash* sémantiquement. Je pense à celles qui viennent de ministres en exercice, ce sont les plus dangereuses parce qu'elles permettent de légitimer les attaques des inconnus. Ces ministres font mine d'ignorer que chaque fois qu'ils tiennent ce type de propos sur moi, c'est un gigantesque raid de cyberharcèlement qui m'attend. »

Elle fait référence ici à la ministre de la Transition énergétique Agnès Pannier-Runacher qui, invitée sur LCI le 7 octobre 2022 et interrogée sur les propos d'Alice Coffin développés dans son ouvrage *Le Génie lesbien* (Grasset, 2020) – elle y explique pourquoi elle ne lit plus certains auteurs ni ne regarde certains films dont les acteurs ou réalisateurs sont controversés –, critique sans nuance : « Cette démarche qui consiste à opposer une population à une autre, c'est la même chose qu'Éric Zemmour. Alice Coffin, Éric Zemmour, même combat. » Pour Agnès Pannier-Runacher, « toute forme de haine, toute forme de manifestation de rejet d'un groupe de population, au nom de ce qu'il est [...] n'est pas acceptable en République ». Alors qu'Éric Zemmour a été condamné à de multiples reprises pour ses propos haineux, Alice Coffin n'a jamais eu à faire avec la justice, ce qu'elle exprime n'est pas répréhensible. Selon elle, le spectre politique n'est tout simplement pas accoutumé à la présence de lesbiennes militantes qui parlent et défendent leurs droits.

David Belliard, ami d'Alice Coffin et collègue à la Ville de Paris, a de son côté demandé à sa directrice de cabinet dont il est très proche de filtrer tous les messages : « C'est elle qui trie et reçoit mon courrier, donc elle dose aussi ce qu'elle me montre. » Il ignore si elle lui montre tout, mais au moins, ça le protège. « Pendant des années, je ne me suis pas rendu compte que j'étais victime d'insultes homophobes. Il faut parfois réussir à se décentrer de cette machine politique pour réaliser. »

Pour les politiques, cela reste la plupart du temps dans le cadre des insultes homophobes ; pour le reste de la population, les agressions prennent encore trop souvent une dimension physique, car 184 victimes LGBT d'agressions physiques sont recensées en 2022 – soit une tous les deux jours, plus qu'en 2012, où 122 victimes avaient été recensées. Dans le rapport annuel 2023 sur les LGBTIphobies, l'association SOS Homophobie, qui a reçu 1 506 témoignages, fait le constat de l'ancrage des menaces physiques pesant sur les personnes LGBT. Si les hommes gays représentent toujours une majorité des victimes (64 % des témoignages et 68 % des agressions), les témoignages d'actes de transphobie ont augmenté en un an de 27 % et ceux de lesbophobie de 14 %. Au total, les témoignages d'agressions physiques ont augmenté de 28 % entre 2021 et 2022.

Dès lors qu'ils prennent la décision de parler de leur vie amoureuse et sexuelle, les politiques s'exposent à une surmédiatisation et à l'utilisation par leurs opposants. Le *coming out* d'un ministre de premier plan aura ainsi plus d'impact médiatique que celui d'un citoyen français lambda, c'est un fait. Mais il se fait dans un cadre, avec une position supérieure et un milieu social plus favorable, et la visibilité qui en découle permet d'encourager celle de personnes de la société civile. Toutes les personnes LGBT ne sont pas victimes de cyberharcèlement, mais les menaces sont réelles, et notamment pour les plus précarisées. Plus les politiques seront visibles, plus cela aidera à ouvrir les portes du placard de la République.

Conclusion

En 2027, la France vote gay ?

« Pourquoi écrire ce livre ? Vous êtes gay ? Pourquoi diantre une jeune femme hétérosexuelle s'intéresse autant à cette question ? » Tout au long de mon travail, j'ai dû répondre à ces interrogations très polies de mes interlocuteurs. La réponse est simple : il est urgent de créer des modèles pour les générations à venir, afin d'éviter les carrières brisées et les expériences traumatisantes. Aucun candidat à la future présidentielle ne pourra faire fi de ce sujet en 2027.

Un président gay en 2027 : portrait-robot

Est-ce que la France pourrait élire un président LGBT en 2027 ? J'ai posé la question, simple, à toutes les personnes rencontrées pour cet ouvrage.

Les réponses varient tout d'abord selon le bord politique. Commençons par la droite, grande absente de cet ouvrage – elle ne considère pas que son parti, Les Républicains, et les Français doivent se positionner ou être proactifs sur la question. Pire, certains de ses membres les plus médiatiques comme François-Xavier Bellamy (tête de liste aux élections européennes de 2019) ou Éric Ciotti (président des Républicains) n'hésitent pas à dénoncer les « dérives » de la communauté LGBT. En 2013, Éric Ciotti, alors député des Alpes-Maritimes, assumait son désaccord avec le mariage pour tous et participait à des manifestations de La Manif pour tous. En 2019, il estime dans *Le Point*[1] qu'« un enfant doit avoir un père et une mère. Aucun égoïsme ne peut enlever à un enfant ce principe fondamental »... Autre fait d'armes du patron des Républicains : il considère la proposition parlementaire de faire figurer « parent 1, parent 2 » sur les formulaires scolaires, et non « père » et « mère » comme c'est le cas aujourd'hui, comme « une étape supplémentaire dans cette dérive ». Contacté lors de l'écriture de ce livre, il n'a jamais donné suite à mes demandes,

1. « Éric Ciotti : "Arrêtons avec cette 'cathophobie' qui conduit à des violences" », *Le Point*, propos recueillis par Jérôme Cordelier, 23 fév. 2019.

considérant peut-être ce sujet comme totalement accessoire. Peu surprenant, alors, que même les modérés encore chez Les Républicains imaginent très hypothétiquement les traits du futur président LGBT : « Oui, on pourrait élire un président gay en 2027, mais il ne faudrait surtout pas qu'il soit trop militant. Il devra être le président de tous les Français, un genre de Bertrand Delanoë ou encore Gabriel Attal, qui serait un très bon candidat », propose Gil Avérous, l'édile de Châteauroux, qui peine à trouver des candidats dans son propre parti…

Il est vrai que le nom de Gabriel Attal ressort souvent lors de mes entretiens. Dans notre enquête IFOP/Fayard, nous avons soumis son nom parmi différents représentants du parti présidentiel, Renaissance. Le président Emmanuel Macron, s'il pouvait être à nouveau candidat, serait toujours le mieux considéré par les Français (31 % des sondés) pour défendre les droits LGBT malgré son hétérosexualité et les membres de son gouvernement pro-Manif pour tous. Même s'il reste encore du travail à faire, des avancées pour les droits LGBT ont été réalisées depuis son élection. Gabriel Attal le talonne, avec 29 % de sondés qui répondent que le ministre de l'Éducation nationale – qui ne l'était pas encore au moment du sondage – est l'une des personnalités politiques alliées de la lutte pour les droits. Cette popularité récente, glanée grâce à une omniprésence médiatique et un travail de fond, créent une possibilité. De là à en faire le premier président gay de France ?

Gabriel Attal n'a pas souhaité répondre à mes interrogations pour ce livre ; le ministre réfléchit en séquence politico-médiatique et le fait qu'il soit gay ne peut pas devenir le seul sujet de ses prochaines communications. *Outé* par l'avocat et son ancien camarade de collège Juan Branco, il ne souhaite pas être militant ni qu'on le renvoie à son identité sexuelle. Il a finalement choisi d'aborder ce sujet à travers celui du harcèlement scolaire, une problématique où il sait qu'il peut avoir un impact. Dans un entretien accordé à l'émission *Sept à Huit* sur TF1 en novembre 2023[1], il témoigne avoir lui-même subi, quand il était à l'École alsacienne à Paris, « un déferlement d'insultes et d'injures » homophobes. « J'étais à la fin du collège, j'avais 14, 15 ans [...]. Ça a duré plusieurs mois et ça a été très violent. C'était "pédale, tafiole, tarlouze", donc je pense que c'était sur une orientation sexuelle, supposée à l'époque puisque je n'en parlais pas autour de moi. » Le

1. *Sept à Huit*, interview d'Audrey Crespo Mara, novembre 2023.

ministre de l'Éducation nationale en a profité pour revenir sur le traumatisme lié à son *outing* : « Je n'en avais jamais parlé publiquement, je n'avais pas non plus l'intention de me cacher, simplement je souhaitais pouvoir en parler moi-même, au moment où je le voulais, de la manière dont je le voulais. » Une apparition médiatique remarquée et nécessaire compte tenu du contexte et de sa nouvelle fonction. Avant d'être le premier ministre de l'Éducation nationale homosexuel, Gabriel Attal avait évoqué à quelques reprises son orientation sexuelle, mais cela était passé quasi inaperçu[1].

Son positionnement depuis le début de sa carrière peut agacer les opposants politiques LGBT qui, eux, ont fait le choix de faire de leur orientation sexuelle un pan entier de leur vie politique. « Dans l'ensemble, et pas qu'Attal ou Beaune, ce gouvernement n'est pas représenté par des personnes convaincues elles-mêmes. Elles ne sont absolument pas militantes. Et moi je ne comprends pas qu'en Conseil

1. Par exemple, l'article de *L'Obs* : « Gabriel Attal, le bon élève de la macronie », 4 déc. 2018, https://www.nouvelobs.com/politique/20181204.OBS6529/gabriel-attal-le-bon-eleve-de-la-macronie.html, ainsi que l'article de *Têtu* l'année suivante : « *Coming out*. Le secrétaire d'État Gabriel Attal parle de son homosexualité et de son désir d'enfant », 24 avril 2019, https://tetu.com/2019/04/24/gabriel-attal-gay-gouvernement/.

des ministres, autour de la table, rien ne soit dit et rien ne soit fait. De même, je ne comprends pas que les ministres qui se disent féministes ne prennent pas position publiquement contre Gérald Darmanin. À un moment, s'ils ne mettent pas leurs propres postes en balance comme moyen de pression, on n'aura pas de baisse des agressions LGBT ni d'amélioration des droits pour les personnes trans. Je trouve que leurs prises de position sont largement insuffisantes, pour ne pas dire inexistantes », analyse Alice Coffin. Pour elle, en 2027, Gabriel Attal pourrait être élu et adopter la stratégie qualifiée par le sociologue Jean-Yves Le Talec de « *coming out* désincarné », c'est-à-dire parler une fois d'homosexualité pour maîtriser sa communication et ne pas se cacher, puis ne plus jamais en faire un argument ou une spécificité de son engagement politique.

Entre-temps, au-delà des mots employés dans son entretien sur TF1, Gabriel Attal est attendu sur des résultats concernant sa vision d'une école inclusive qui oserait aborder ces sujets, d'abord en tant que ministre de l'Éducation nationale, ensuite en tant qu'homme gay, sans injonctions, à son rythme et avec ses mots. Quoi qu'il en dise, et malgré les insultes et les critiques de l'extrême droite, il est d'ores et déjà un symbole pour des centaines de jeunes LGBT qui rêvent de se lancer en politique.

La Première ministre Élisabeth Borne m'écrit quant à elle sobrement qu'elle « pense que les Français pourraient élire un président LGBT en 2027 ». En dépit de l'augmentation du vote gay au Rassemblement national et la forte présence de députés gays au RN[1], les sondés ne voient pas l'extrême droite incarnée par Marine Le Pen, Jordan Bardella et, pour sa frange plus radicale, Éric Zemmour et Marion Maréchal comme une alliée des droits LGBT. Malgré l'affichage de certains élus, les Français interrogés savent bien que la lutte contre l'homophobie et la transphobie n'est pas à son agenda. Pour 54 % des Français sondés, Éric Zemmour n'est que le porte-voix des anciens de La Manif pour tous. Marine Le Pen a beau avoir le double du score du leader de Reconquête, seuls 9 % des personnes interrogées pensent qu'elle est plutôt favorable à des réformes en faveur des droits des personnes LGBT.

Enfin, au sein de la gauche française, on est optimiste, mais conscient du chemin à parcourir : « Je pense que ce pays serait prêt à élire un président gay homme plutôt qu'une femme », plaisante Clémentine Autain. La députée touche à l'un des écueils du *coming out* out discret adopté par de nombreux ministres et députés aujourd'hui. En

1. Voir chapitre 10 « Gay au RN ».

effet, en ne faisant pas ou peu étalage de leur homosexualité, et donc en ne rapportant pas la question de l'homophobie dans le débat public, les hommes gays politiques sont considérés seulement comme des hommes, avec tous les avantages que cela comporte.

Au sein de la gauche, ce n'est pas tant un travail sur le fond des sujets qu'il est urgent de réaliser – les commissions et militants de chacun des partis le font régulièrement et avec une approche très minutieuse –, mais à un vrai travail sur la visibilité dans les partis qu'il faut s'atteler, car le candidat gay de 2027 pourrait venir de ses rangs. Le fait que les personnalités les mieux identifiées comme étant pro-LGBT dans notre sondage soient dans le parti présidentiel souligne aussi la mauvaise communication des partis de gauche sur le travail parlementaire et de soutien aux associations LGBT qu'ils réalisent, notamment dans les collectivités dont ils ont la gestion.

À quoi peut donc ressembler un candidat LGBT en 2027 ? Une personnalité combative à gauche ou plus discrète au centre, et très peu probable à droite ? Quoi qu'il en soit, il faudra qu'elle ait fait son *coming out* out avant d'entrer dans l'arène – les électeurs étant friands de transparence dans la vie publique, ce qui inclut bien sûr l'intimité. Ils sont 35 % à envisager d'être « gênés » de voter pour un candidat ouvertement LGBT en 2027. En comparaison, ils étaient 47 % à l'être en 1996 sur les élections en général. Une baisse significative qui peut être liée aux différentes batailles politiques comme le mariage pour tous ou l'accès à la PMA. L'un ne marche pas sans l'autre et il faut continuer à convaincre les futurs élus du bien-fondé de la visibilité. Les Français sont prêts en tout cas, seulement 17 % d'entre eux en 2023 ne comprennent pas qu'une personnalité politique LGBT ne parle pas de son homosexualité ou de son identité de genre.

L'école : premier chantier politique

Dans toute construction intime et personnelle, le processus d'identification est une étape importante. Pendant l'écriture de ce livre, un suicide terrifiant a eu lieu à Épinal. Lucas, 13 ans, a été retrouvé pendu dans sa chambre d'adolescent. Ses proches ont dénoncé dans leurs auditions des faits de harcèlement commis par des élèves de son collège en raison de son homosexualité. La mort de l'adolescent a bouleversé l'opinion et rappelé – jusque dans l'hémicycle où Pap Ndiaye, alors ministre de l'Éducation nationale, n'a pu retenir ses sanglots face aux sénateurs le 18 janvier 2023 – que l'homophobie est toujours présente dans les cours de récré. Lucas était ouvertement homosexuel, il avait pris conscience de son homosexualité et de la manière dont il voulait la vivre librement. Pour le militant associatif queer Ruben Tayoupo, cette compréhension peut arriver dès le plus jeune âge avec son lot de violences : « Depuis mon enfance, la question de la conformité au genre masculin hégémonique a toujours été un sujet d'apprentissage. […] Ce sont ensuite des enfants, à l'école primaire puis au collège, qui ont identifié cette chose dans mon comportement qu'il semblait nécessaire de signaler et de réprimer : une forme de féminité. Pour survivre, j'ai dû apprendre à dissimuler, à refouler. Dès l'enfance, nous, les pédés, ne sommes jamais perçus comme de "vrais" hommes[1]. » Quatre des anciens camarades mineurs de Lucas seront jugés prochainement pour « harcèlement scolaire ayant entraîné le suicide ».

Fait notable : c'est dans la circonscription de David Valence[2] que Lucas s'est donné la mort. La lutte contre le harcèlement scolaire que des enfants gays peuvent vivre occupe aujourd'hui l'ancien maire de Saint-Dié-des-Vosges : « Plus jeunes, on a tous vécu du harcèlement en tant que personne homosexuelle,

1. *Pédés, op. cit.*
2. Voir chapitre 3 « Gay et élu d'une petite ville ».

je ne connais pas de gay qui n'en a pas été victime. Moi, c'était moins violent car j'étais grand, carré et fort, on osait moins m'embêter. » Indépendamment des aptitudes physiques, la cour d'école peut être terrible pour les jeunes enfants qui se questionnent sur leur genre et ou leur orientation sexuelle. La disparition de Lucas rend encore plus nécessaire le fait de donner la parole à tous ces élus LGBT qui ont fait le choix d'exister publiquement. En France, 22 %[1] des personnes de la génération Z (nées entre 1997 et 2012) s'identifient comme LBGT, un chiffre qui ne cesse de descendre au fil des générations précédentes : 12 % pour les *millennials* (1981-1996), 7 % pour la génération X (1965-1980), et 4 % pour ceux nés en 1964 et au-delà.

Les politiques ouvertement LGBT – au gouvernement, dans les hémicycles, les mairies, les conseils régionaux –, plus que leurs collègues, doivent agir pour améliorer la vie des enfants et des ados. Sans des prises de parole courageuses, l'école restera toujours un endroit propice aux discriminations et au harcèlement en raison de son orientation sexuelle et de son identité de genre. Nos jeunes sont en majorité de plus en plus inclusifs, la classe politique va-t-elle rester immobile ? Va-t-elle laisser le champ

1. Enquête IPSOS/ Mois des fiertés, juin 2023.

libre du débat aux conservateurs et aux extrémistes qui ne cessent de délégitimer les personnes trans ? Comment aider les professeurs et le milieu scolaire à mieux appréhender ces questions ?

Il revient aux politiques de s'attaquer à ces questions, aux politiques de donner plus de moyens et de revaloriser encore plus les métiers de l'éducation. Comme le rappelle Queer Education : « Les dispositifs de lutte contre les discriminations mis en place dans les écoles par l'Éducation nationale ne sont pas suffisants. Ils ne permettent pas de déconstruire les rapports de domination structurels reproduits par l'école[1]. » L'association, composée de membres du personnel éducation de toute la France, se mobilise pour que les thématiques LGBT soient intégrées au programme du ministère et que des référents identifiés soient bien présents dans chaque établissement. Pour le moment, une formation d'une semaine dédiée « à la sexualité et à la vie affective » est mise à la disposition des enseignants par l'Éducation nationale, mais elle repose sur la base du volontariat et est insuffisamment suivie car peu connue des professeurs. De plus, avec l'annonce récente du ministre de l'Éducation Gabriel Attal

1. Site internet de Queer Education : https://queereducation.fr/presentation/.

de ne plus autoriser les professeurs à bénéficier de formation sur leur temps scolaire, les enseignants devront prendre sur leur temps personnel pour participer à cet exercice.

Le gouvernement tente néanmoins d'avancer sur la question et a proposé un grand plan de lutte contre les LGBTphobies en 2023-2026. On y trouve une centaine de mesures comme la création de dix nouveaux centres d'accueil pour les personnes LGBT (qui s'ajouteront aux 35 déjà existants, une demande importante venue des territoires[1]). Enfin, d'ici aux prochaines élections de 2027, une enveloppe de dix millions d'euros sera débloquée pour ouvrir de nouveaux centres ou financer la formation d'agents publics ou de formateurs liés aux associations LGBT à travers tout le territoire, notamment l'Outre-mer, grande oubliée des politiques nationales.

Pour Maxime Crosnier, membre de la commission LGBT des Écologistes, ces mesures sont importantes mais encore trop éloignées de la réalité du terrain : « Ce qu'on attend vraiment d'ici 2027, c'est qu'en tant que LGBT on n'ait plus peur d'aller porter plainte dans un commissariat ou de passer devant un juge en cas de procès. Qu'on ne soit pas mal à l'aise à l'idée de venir raconter une agression qu'on

1. Voir chapitre 3 « Gay et élu d'une petite ville ».

aurait subie. Lorsqu'on n'aura plus ce sentiment de méfiance envers les hommes hétérosexuels, là, on aura avancé. »

En théorie, les forces de l'ordre bénéficieront également d'une formation à ces questions, pour faire en sorte que la circonstance aggravante de la haine LGBT soit bien retenue dans les poursuites des agressions. Dans les faits, et comme l'a souligné Mediapart récemment dans une enquête sur les guet-apens homophobes[1], le ministère de l'Intérieur reste silencieux face à cet engagement. Encore trop peu de personnes LGBT osent pousser la porte des commissariats ou des gendarmeries pour se confier et porter plainte. Il n'existe aucune statistique sur ces violences. Mediapart a comptabilisé 300 victimes de guet-apens homophobes entre 2017 et 2022 (soit une victime par semaine), pour seulement onze condamnations.

Un grand nombre de défis attendent donc les politiques pour les années à venir, et notamment les nombreux prétendants à la présidentielle de 2027.

1. *Guet-apens, des crimes invisibles*, documentaire de Sarah Brethes, Mathieu Magnaudeix et David Perrotin pour Mediapart, janvier 2022.

En collaboration avec l'IFOP, j'ai voulu faire un point dix ans après le mariage pour tous, sur ce que pensent les Français des personnes LGBT en politique. Vous découvrirez à la suite de cette conclusion le sondage inédit réalisé auprès de plus de deux mille Français, auquel je me suis référée dans les différents chapitres.

Après la parution de ce livre, j'ose espérer que la parole pourra être plus libre, que le débat politique pourra gagner en sérénité dès lors qu'il s'agira de confronter des points de vue et des projets de société liés aux thématiques LGBT. Et que les progrès pour cette cause seront plus défendus par les futurs gouvernements. Derrière ces discours et ces lois, le quotidien de millions de nos concitoyens est à améliorer, le rapport à notre jeunesse qui se questionne est à perfectionner. Et la sécurité des minorités doit être, sur le même plan que la protection des Français, l'objectif commun à toutes les politiques.

Sondage

Le regard des Français sur la visibilité de l'homosexualité en politique

Retrouvez l'intégralité de l'étude sur le site de l'Ifop : https://www.ifop.com/opinion/?id_category=9#isotope.

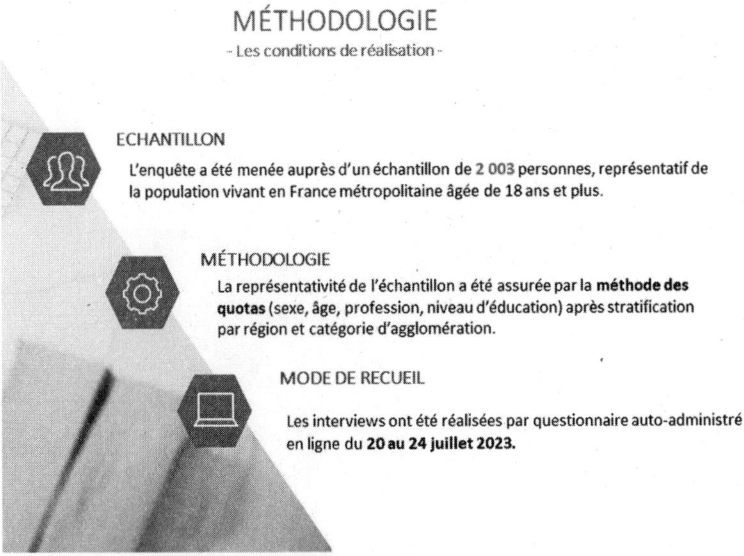

POUR CITER CETTE ÉTUDE, IL FAUT UTILISER A MINIMA LA FORMULATION SUIVANTE :

« Étude Ifop pour Édition Fayard réalisée par questionnaire auto-administré en ligne du 20 au 24 juillet 2023 auprès d'un échantillon de 2 003 personnes, représentatif de la pupolation française âgée de 18 ans et plus.

LA RÉACTION SUSCITÉE PAR L'ÉLECTION D'UN(E) PRÉSIDENT(E) DE LA RÉPUBLIQUE HOMOSEXUEL(LE)

Q : Trouveriez-vous choquant ou pas choquant qu'un·e homosexuel·le soit président·e de la République ?

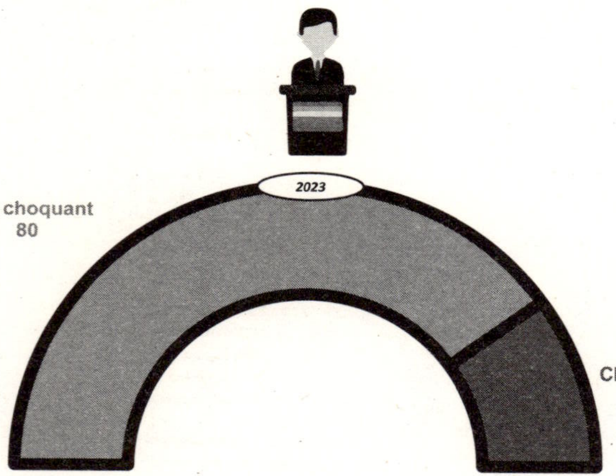

20% des Français estiment choquante l'homosexualité d'une présidente de la République,
contre 61% en 1981

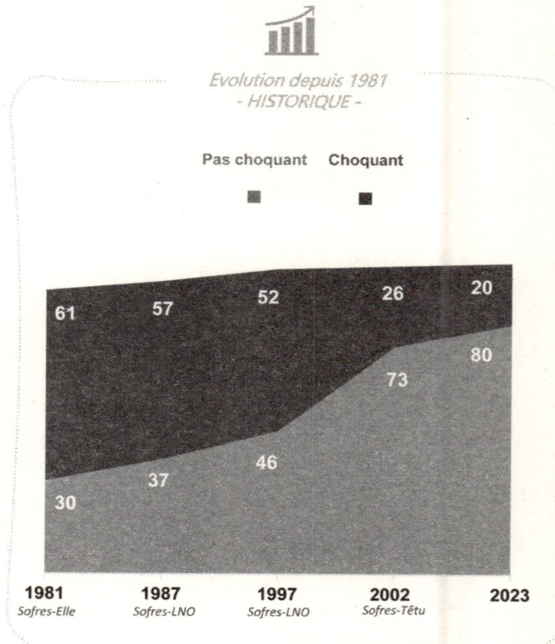

FOCUS sur le profil des Française trouvant « choquant » qu'un(e) président(e) de la République soit homosexuel(le)

Note de lecture : 44% des personnes croyantes trouvent choquant qu'un président(e) de la République soit homosexuel(le)

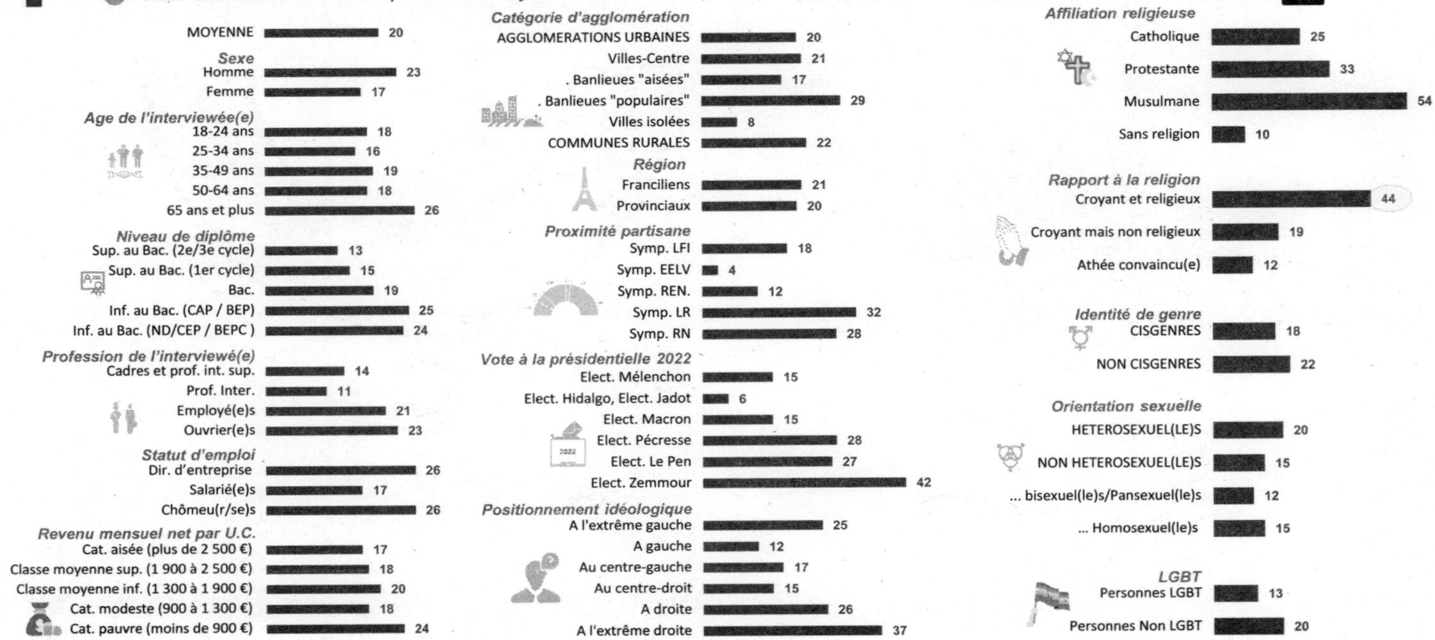

LA DISPOSITION À VOTER POUR UN(E) CANDIDAT(E) HOMOSEXUEL(LE)

Q : Personnellement, cela vous gênerait-il de voter pour un(e) candidat(e) qui ne cacherait pas son homosexualité… ?

« … à la prochaine élection présidentielle en 2027 »

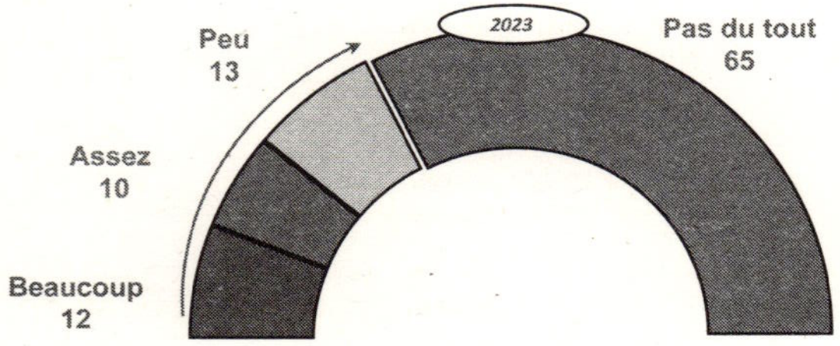

35% des Français(es) s'estiment gêné(es) de voter pour un(e) candidat(e) ouvertement homosexuel(le) à **la prochaine élection présidentielle en 2027**

« … lors d'une élection en général »

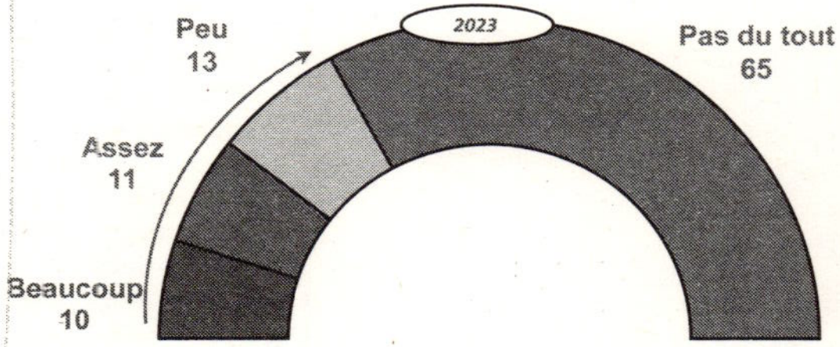

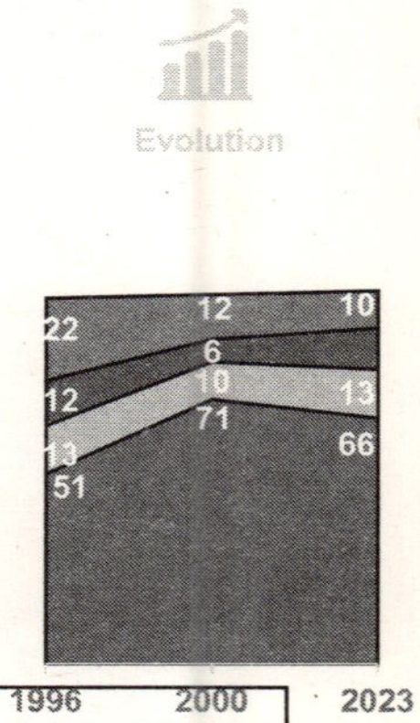

34% des Français(es) s'estiment gêné(es) de voter pour un(e) candidat(e) ouvertement homosexuel(le) **lors d'une élection en général, contre 47% en 1996**

sur le profil des Français(es) « beaucoup » gêné(es) de voter pour un(e) candidat(e) ouvertement homosexuel(le) à la prochaine élection présidentielle en 2027

Note de lecture : 41% des électeurs Zemmour de 2022 seraient « beaucoup » gênés de voter pour un(e) candidat(e) ouvertement homosexuel(le) à la prochaine élection présidentielle en 2027

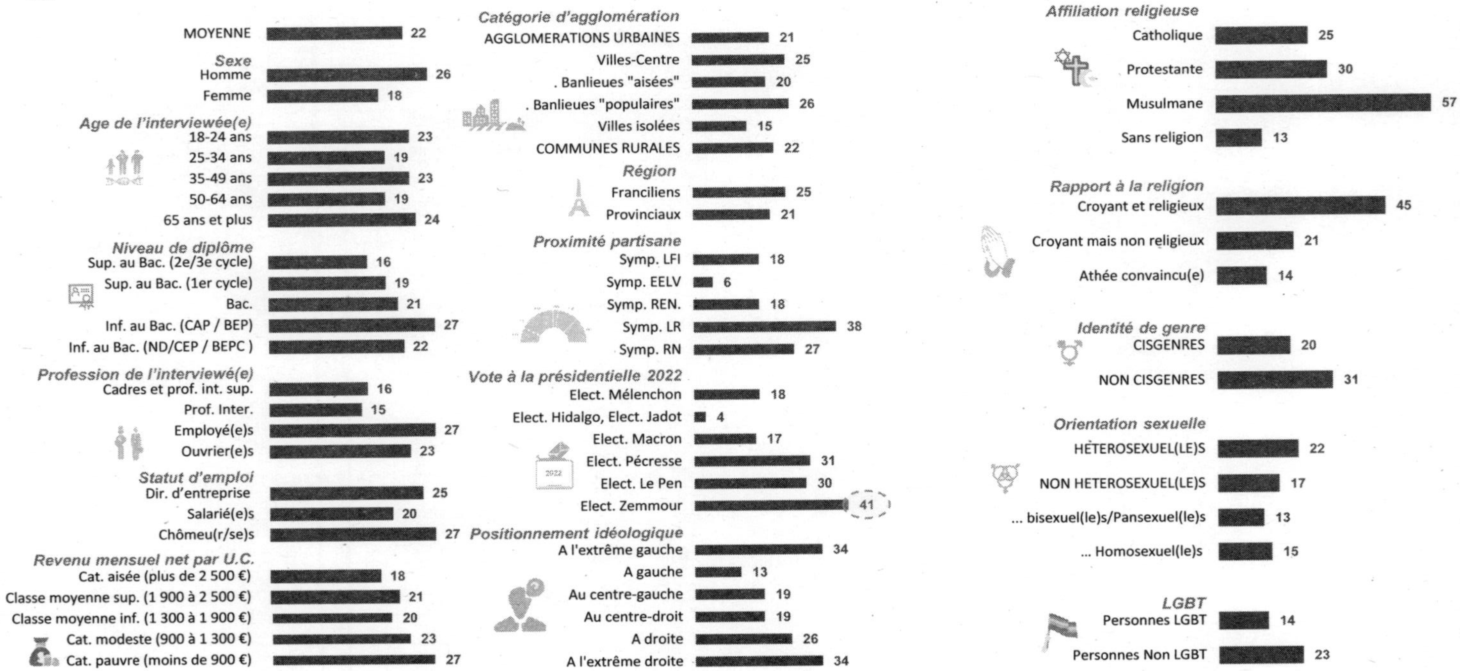

LE JUGEMENT SUR LA PRATIQUE DU COMING OUT PAR LES MINISTRES ET LES PERSONNALITÉS POLITIQUES

Q : Personnellement, approuvez-vous ou désapprouvez-vous le fait...?

« ... Qu'il y ait au gouvernement un(e) homosexuel(le) déclaré(e) »

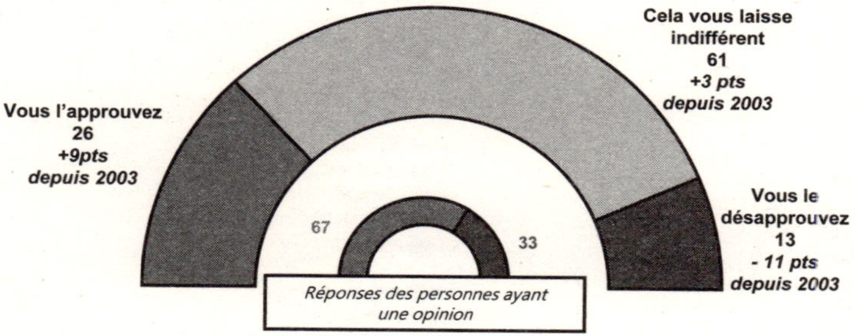

13% des Français(es) désapprouvent **qu'il y ait au gouvernement un(e) homosexuel(le) déclaré(e)**

«... Que des personnalités politiques LGBT fassent leur coming out en assumant publiquement leur homosexualité ou leur identité de genre »

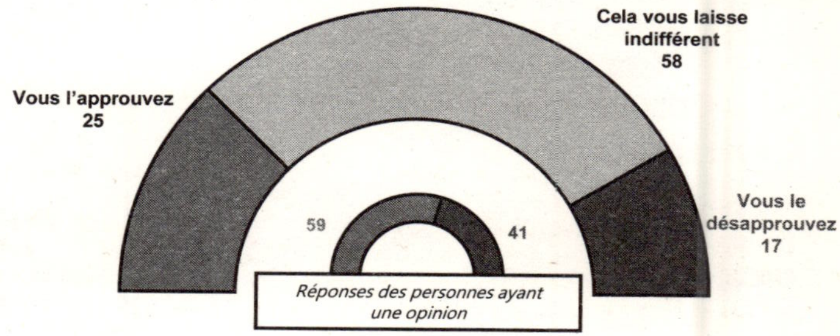

17% des Français(es) désapprouvent **que des personnalités politiques LGBT fassent leur coming out en assumant publiquement leur homosexualité ou leur identité de genre**

FOCUS sur le profil des Français(es) qui désapprouvent qu'il y ait « au gouvernement un(e) homosexuel(le) déclaré(e) »

Note de lecture : 25% des personnes vivant en banlieue « populaire » désapprouvent le fait qu'il y ait au gouvernement un(e) homosexuel(le) déclaré(e)

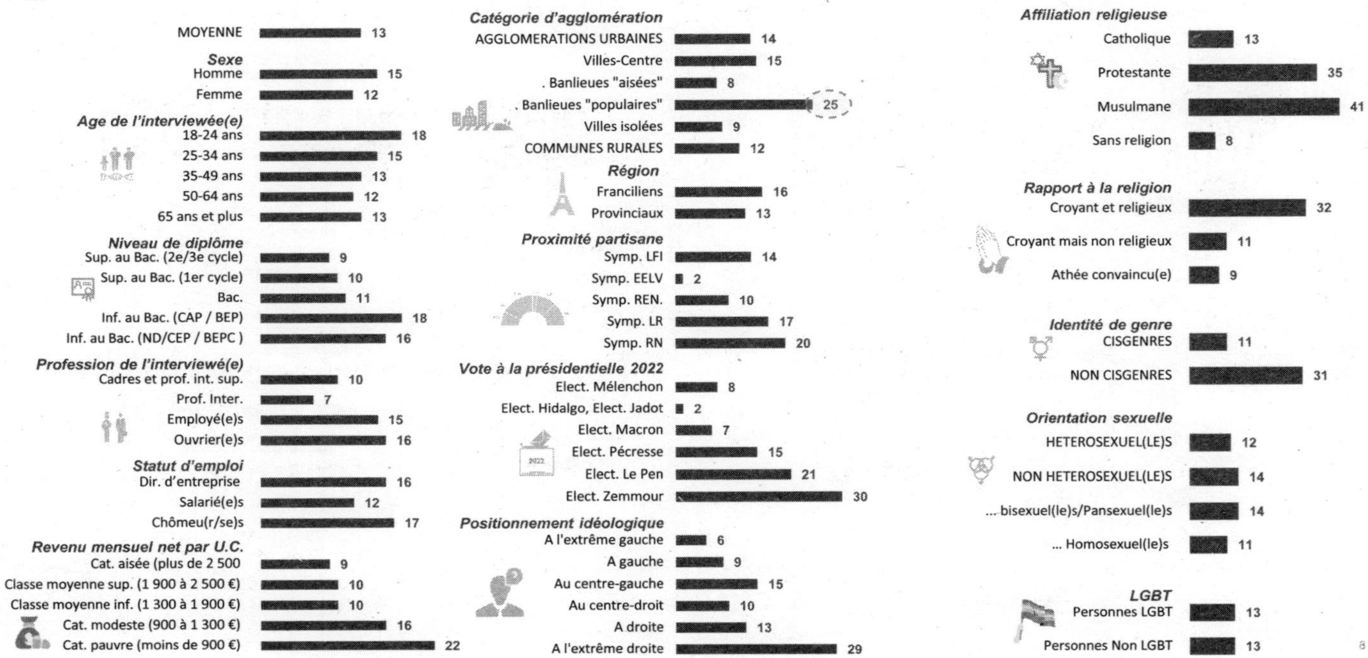

FOCUS sur le profil des Français(es) qui désapprouvent que des personnalités politiques LGBT fassent leur coming out

Note de lecture : 32% des individus dont le positionnement politique est à l'extrême droite désapprouvent le coming out d'une personnalité politique

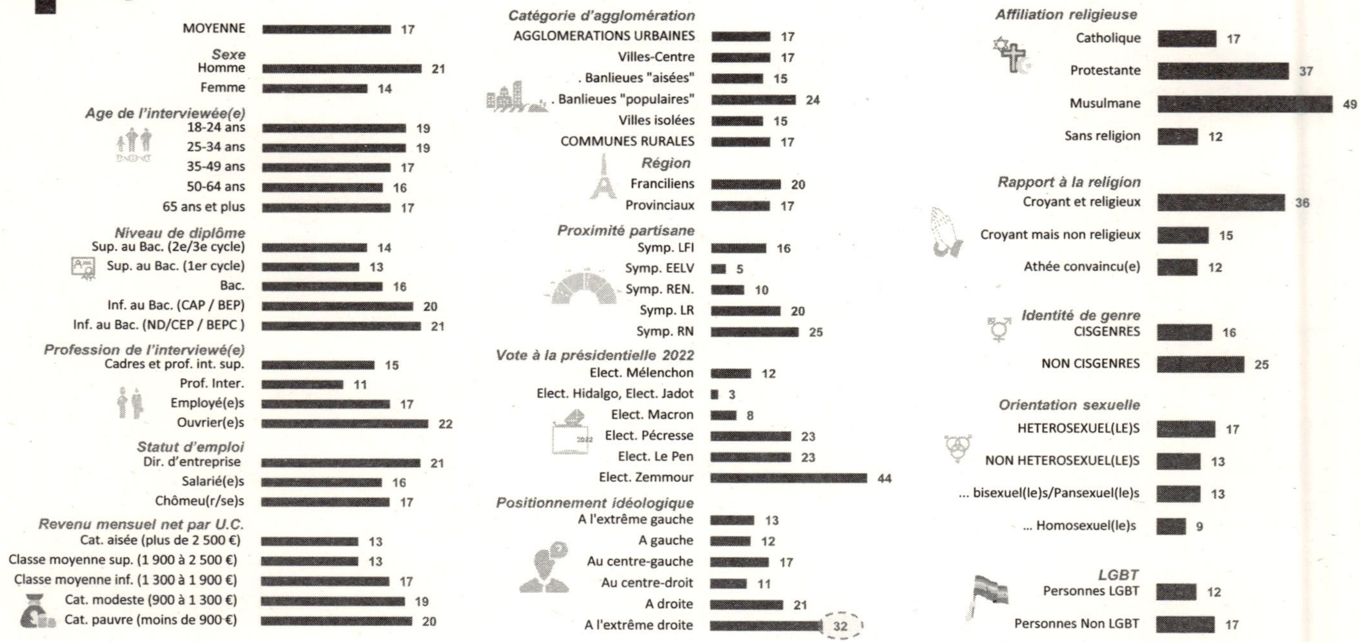

LA PERCEPTION DU POSITIONNEMENT LGBT-FRIENDLY DES PRINCIPALES PERSONNALITÉS POLITIQUES

Q : A vos yeux, chacune des personnalités politiques suivantes est-elle plutôt favorable ou plutôt hostile à des réformes en faveur des droits des personnes LGBT (lesbiennes, gays, bisexuel(le)s, trans) ?

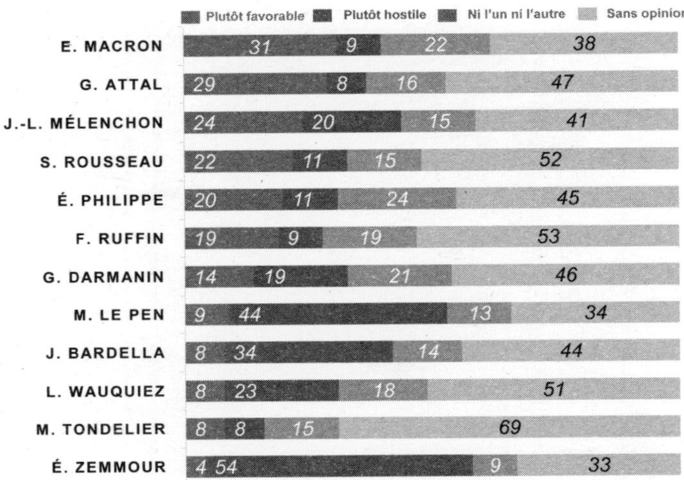

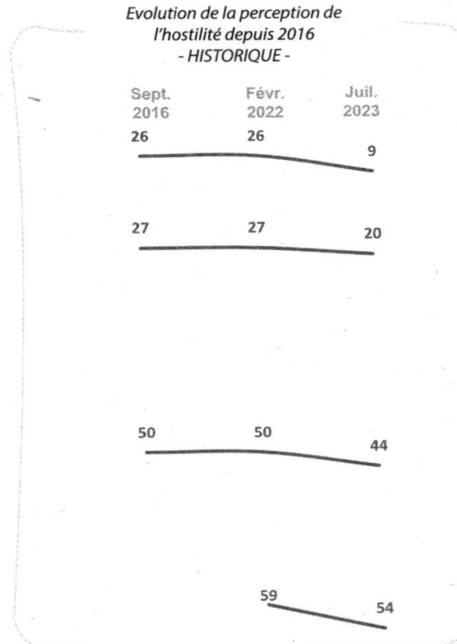

Liste des interlocuteurs

• Clémentine Autain, députée (LFI) de Seine-Saint-Denis, juin 2023
• Gil Avérous, maire (LR) de Châteauroux, juin 2023
• Roselyne Bachelot, ancienne ministre de la Santé, des Sports et de la Culture, février 2023
• Clément Beaune, ministre des Transports, député de Paris, février 2023
• David Belliard, adjoint (Les Écologistes) à la maire de Paris en charge des Transports, janvier 2023
• Tristan Berteloot, journaliste politique à *Libération*, mai 2023
• Xavier Bettel, ancien Premier ministre du Luxembourg et désormais Vice-Premier ministre, mars 2023
• Patrick Bloche, adjoint (PS) à la maire de Paris en charge de l'Éducation, ancien député, juin 2023
• Élisabeth Borne, Première ministre, novembre 2023

• Ian Brossat, sénateur (PCF), janvier 2023
• Caroline Cayeux, ancienne ministre, novembre 2023
• Alice Coffin, conseillère (Les Écologistes) de Paris, janvier 2023
• Maxime Crosnier, porte-parole des Écologistes Paris, janvier 2023
• Bertrand Delanoë, ancien maire de Paris, février 2023
• Gauthier Destenay, mari de l'ancien Premier ministre du Luxembourg Xavier Bettel, septembre 2023
• Olivier Dussopt, ministre du Travail, juillet 2023
• Caroline Fourest, essayiste, janvier 2023
• Mathieu Gallet, ancien président de Radio France et de l'INA, chef d'entreprise, février 2023
• François Hollande, ancien président de la République, mars 2023
• Andy Kerbrat, député (LFI) de Loire-Atlantique, mai 2023
• François Kraus, directeur d'opinion à l'IFOP, mars 2023
• Jean-Yves Le Talec, sociologue, janvier 2023
• Mounir Mahjoubi, ancien ministre, janvier 2023
• Thomas Ménagé, député (RN) du Loiret, juin 2023
• Danièle Obono, députée (LFI) de Paris, décembre 2023

- Anaïs Perrin-Prevelle, coprésidente de l'association OUTrans, mai 2023
- Jean-Luc Romero-Michel, adjoint à la maire de Paris en charge de la Lutte contre les discriminations, janvier 2023
- Nicolas Scheffer, journaliste politique à *Têtu*, juin 2023
- Laurent Stéfanini, ancien ambassadeur de France à Monaco, avril 2023
- Estelle Szabo, maire d'Estevelles, juin 2023
- Jean-Phillippe Tanguy, député de la Somme, porte-parole du Rassemblement national, mai 2023
- Marine Tondelier, secrétaire nationale Les Écologistes, conseillère municipale d'Hénin-Beaumont, avril 2023
- Valérie Trierweiler, journaliste, avril 2023
- David Valence, député (Parti radical) des Vosges, février 2023
- Laurence Vanceunebrock, ancienne députée (La République en marche), gendarme, mars 2023

Remerciements

Je remercie tout d'abord ma maison d'édition Fayard pour son soutien. Merci à Isabelle Saporta, présidente-directrice générale de Fayard pour sa patience et sa franchise à toute épreuve. Un grand merci à Thomas Vonderscher, éditeur qui a cru en ce projet depuis le début et qui m'a toujours éclairée de sa lumière bienveillante et pragmatique.

Un immense merci de tout mon cœur à Valentin Auclair, Agnès Nabat, Julien Beau et Guillaume Auda pour leurs retours, mon comité de lecture toujours au rendez-vous. Mes amis, vos conseils et vos encouragements m'ont fait le plus grand bien.

Merci à toutes les personnes qui ont accepté de répondre à mes questions, de me raconter leur parcours, leur vision de la vie politique. Chercheurs, militants, politiques, collaborateurs, anciens élus, journalistes, merci pour votre temps et vos précieuses confessions.

Enfin merci à François Kraus, David Castello Lopes, Sybil Gerbaud, Jeanne Fenateau, Nicolas Berrod, Élie Benghouzi, Clémence Louise Biau, Stéphane Vincent, Camille Pavlovic, Margaux Seux, Laurent Telo, David Le Pabic, Carole Nestoret, Tristan Berteloot, Maxime Crosnier, le service de presse de l'Assemblée nationale, SOS Homophobie, le bar Les Fourreurs, l'association OUTrans, l'IFOP pour leur participation, contact et soutien durant l'écriture de cet ouvrage.

Table des matières

Achevé d'imprimer en décembre 2023
sur les presses de Normandie Roto Impression s.a.s.
61250 Lonrai (Orne)
pour le compte des éditions Fayard
13, rue du Montparnasse, 75006 Paris

Composition réalisée par Belle Page

PAPIER CERTIFIÉ

fayard s'engage pour l'environnement en réduisant l'empreinte carbone de ses livres. Celle de cet exemplaire est de :
1,100 kg éq. CO_2
Rendez-vous sur www.fayard-durable.fr

N° d'éditeur : 65-8594-8/01
Dépôt légal : janvier 2024
N° d'impression : 2305614

Imprimé en France